Helga Gürtler

So wird mein Kind selbstbewusst

Helga Gürtler

So wird mein Kind selbstbewusst

midena

Inhalt

Vorwort

Ein solides, stabiles Selbstbewusstsein schützt gegen manche Gefährdung, die Kindern auf dem Weg zum Erwachsenwerden begegnet. Das gilt für die Vorbeugung gegen psychische Erkrankungen und Fehlentwicklungen, gegen Sucht, gegen Verführung und Missbrauch. Selbstwertgefühl und Ichstärke verringern das Risiko, leicht verführbar, anfällig, süchtig zu werden. Es gibt inzwischen Langzeitstudien, die dies aus der Entwicklungsgeschichte von Jugendlichen belegen. Für pädagogische Fachleute ist es aber äußerst unbefriedigend, den Eltern Jugendlicher, die vor solchen Problemen stehen, rückwirkend zu erklären, was sie im Umgang mit dem jüngeren Kind hätten anders machen können, um eine solche Entwicklung zu vermeiden.

Deswegen ist dies ein Buch geworden, das vorwärts blickt. Es will Eltern zeigen, was ein Kind braucht, damit es seelisch möglichst stabil aufwächst und widerstandsfähig wird, damit es, wenn es eines Tages darauf ankommt, weiß, was es kann und was es will, damit es sich nicht unterkriegen lässt, damit es mutig genug ist, nein zu sagen, selbst wenn alle im Umkreis ja sagen.

Selbstbewusstsein schützt den Menschen ein Leben lang vor unerwünschten Einflüssen von außen.

Allerdings sind selbstbewusste Kinder nicht immer so ganz pflegeleicht. Sie haben ihren eigenen Kopf, widersprechen, wollen alles besser wissen.

Dabei ist es so angenehm, ein braves, folgsames Kind zu haben, eines, das beim Einkaufen sittsam neben einem geht, nicht ständig nach Eis oder Gummibärchen quengelt. Ein selbstbewusstes Kind fragt unentwegt »Warum?«, gibt Widerworte und verwickelt die Erwachsenen ständig in Diskussionen über den Sinn von Hausaufgaben oder aufgeräumten Zimmern. Besonders abends, nach einem arbeitsreichen Tag, ist so ein Kind die reinste Pein. Und trotzdem: Wer zu Hause immer artig sein muss, lernt nicht, in anderer Umgebung für sich einzustehen. Wer zu Hause nicht probieren darf, sich durchzusetzen, traut sich auch draußen wenig zu.

Ein selbstbewusstes Kind ist für mich aber nicht der laute Schreihals, der allen klarzumachen versucht, dass er der Größte ist. Der Krakeeler ist meistens überhaupt nicht selbstbewusst. Sonst müsste er eben nicht so laut schreien, um sich und anderen zu beweisen, was er sich im Grunde gar nicht zutraut.

Was ich unter einem selbstbewussten Kind verstehe, können Sie auf den letzten Seiten dieses Buches nachlesen.

Nur selten verläuft eine Entwicklung ganz ohne Brüche und Risiken. Aber nicht jedes Risiko auf dem Weg eines Kindes schadet ihm dauerhaft. Mindestens genauso wichtig ist es, seine Widerstandskraft gegen solche negativen Einflüsse zu stärken. Ich halte zum Beispiel nichts davon, Kindern den Umgang mit etwas fragwürdigen Freunden zu verbieten. Aber Sie können viel dazu tun, dass Ihr Kind diesen nicht unkritisch folgt, dass es mit Ihnen über seine Erlebnisse spricht. Sie können auch nicht verhindern, dass an vielen Großstadtschulen Kinder mit Drogen in Berührung kommen. Aber Sie können viel dazu tun, dass Ihr Kind freiwillig nein dazu sagt.

Ich will in diesem Buch darstellen, unter welchen Bedingungen Kinder die größten Chancen haben, sich gut zu entwickeln. Kein Kind wird alle diese Bedingungen in idealer Weise vorfinden. Viele müssen sich sogar durch einen Dschungel von Widrigkeiten hindurcharbeiten und werden trotzdem bewundernswert stabile Menschen. Andere allerdings zerbrechen daran.

Damit ein Kind sich ungehindert entwickeln kann, muss es schon früh seine persönlichen Freiräume haben.

Welche Konsequenzen Sie aus dem Dargestellten ziehen – was zu Ihnen und Ihrem Kind am besten passt, was sich in Ihrer Lebenssituation am besten realisieren lässt, das entscheiden Sie.

Wenn Sie zum Beispiel nach der Lektüre finden, dass Ihr Kind auch drinnen mehr Platz zum Spielen und Toben braucht, dann können Sie die Wohnung wechseln, das Kinderzimmer in einen größeren Raum verlegen, einen dickeren Teppich auslegen, damit der Mieter unter Ihnen weniger gestört wird. Sie können zu den Leuten, die darunter wohnen, freundschaftlichen Kontakt suchen, weil einen der Lärm von Kindern, die man gern mag, erfahrungsgemäß viel weniger stört. Sie können aber auch den Konflikt durchstehen und auf dem Lebensrecht Ihres Kindes beharren, auch in der Wohnung zu hüpfen und zu kreischen. Nur Sie wissen, was davon am ehesten Erfolg verspricht.

Eine Garantie für eine fehlerfreie Entwicklung gibt es allerdings auch dann nicht, wenn Sie sich bemühen, alles richtig zu machen. Alles richtig machen kann niemand. Denn erstens sind an einer gesunden Entwicklung auch viele äußere Einflüsse beteiligt, auf die Sie nur bedingt Einfluss haben – das Wohnumfeld, die Schule, die Freunde, das Einkommen, die Familienpolitik … Und zweitens machen alle Eltern Fehler, weil sie Menschen und keine Übermenschen sind.

Es rächt sich auch nicht jeder Elternfehler in einem Verhaltensproblem des Kindes. Kinder sind robuster, als manche besorgten Eltern glauben. Und gerade selbstbewusste Kinder verzeihen ihren Eltern eine ganze Menge, wenn das Verhältnis sonst in Ordnung ist. Oder sie biegen sich die Alten irgendwie zurecht. Denn sie sind durchaus in aktiver Weise am Erziehungsprozess beteiligt.

Sie müssen also keine idealen Eltern sein, um Ihr Kind zu einem selbstbewussten, ich-starken Menschen heranwachsen zu lassen. Bemühen Sie sich, Ihr Bestes zu tun, das reicht. Und grämen Sie sich nicht zu sehr, wenn manches nicht ideal läuft. Ein schlechtes Gewissen ist kein guter Erziehungsberater. Wenn Sie etwas als ungünstig und hinderlich erkannt haben, versuchen Sie, auf einem anderen Gebiet einen Ausgleich zu schaffen.

Niemand ist fehlerfrei, auch Eltern dürfen sich kleine Missgriffe leisten.

In diesem Sinne wünsche ich Ihnen viel Erfolg – und gehen Sie es nicht gar so verbissen an.

Wie Selbstvertrauen entsteht

Ich möchte Ihnen zunächst eine Fabel erzählen – eine kleine Geschichte mit tiefem Hintersinn: Zwei Frösche geraten bei Nacht und Nebel in eine Molkerei. Bei dem Versuch, an die heiß begehrte Milch zu kommen, fallen sie unversehens in eine große Milchkanne. Der eine, ein unverbesserlicher Pessimist, sieht die, aus seiner Perspektive, fürchterlich hohen Stahlwände über sich und lässt alle Hoffnung auf Rettung fahren. Er geht unter und ertrinkt. Der andere, ein Optimist, strampelt und strampelt, obwohl das eigentlich ziemlich sinnlos scheint. Als es Morgen wird, sitzt er – vor dem Ertrinken gerettet – auf einem Stück Butter.

Hin und her schwingen, aber nicht schwindlig werden. Wir schaukeln das Kind, bis es sicher ist.

Kinder brauchen Urvertrauen

Aus dem engen Mutter-Kind-Verhältnis entsteht eine natürlich positive Beziehung zur Umwelt bereits im Babyalter.

Ein Mensch mit Urvertrauen ist eher ein Optimist, wie der Frosch auf der Butter. Er hat ein unerschütterliches Vertrauen in die eigenen Kräfte, in andere Menschen und vertraut darauf, dass alles irgendwie weitergehen wird. Menschen ohne Urvertrauen sind eher misstrauisch und pessimistisch, trauen sich selbst und ihren Mitmenschen wenig Gutes zu, leben in Angst vor Schicksalsschlägen. Sie sind leicht verzagt und depressiv, oder aber aggressiv, weil sie ständig glauben, jemand wolle ihnen am Zeug flicken, und sie müssten sich verteidigen. Entsprechend unsicher gehen sie auf die Mitmenschen zu.

Wie der Frosch auf der Butter

Beide, grundsätzliches Vertrauen und grundsätzliches Misstrauen, wirken leicht wie Prophezeiungen, die sich selbst erfüllen – die Menschen machen mit der Zeit eher die Erfahrungen, die sie sowieso erwarten, einfach, weil sie die Sache schon ganz anders angehen, ihren Mitmenschen ganz anders entgegentreten.

Ein Stück weit bringen wir diese grundsätzlich eher optimistische oder pessimistische Sicht wohl schon mit auf die Welt, aber ein Stück weit lassen sich Optimismus und Hoffnung auch erlernen, genau wie Pessimismus und Hilflosigkeit. Die Grundlagen für ein solides Urvertrauen werden schon gelegt, bevor ein Kind überhaupt auf der Welt ist. Es ist etwas anderes, ob man als erwünschtes Kind, als erwünschtes Mädchen oder erwünschter Junge, ausgetragen von einer mit nicht zu vielen Problemen beladenen Mutter, freudig erwartet wird, oder ob dies eben nicht so ist.

Sich gegen ungünstige Voraussetzungen zu wehren, gehört zum Selbstschutz. Man soll sich nicht unterbuttern lassen.

Der rechte Mensch am rechten Fleck

Kinder brauchen von Geburt an das unverbrüchliche Gefühl, akzeptiert und geliebt zu sein, gut zu sein, so wie sie sind. Nicht dass das unveränderbar Weichen stellt, aber ein Kind mit einem ersten Handicap an dieser Stelle braucht noch mehr Zuwendung, um das auszugleichen.

Stillen ist mehr als satt machen

Das kleine Baby gewinnt seine ersten Eindrücke von der neuen Umgebung nicht nur mit Augen und Ohren oder gar mit dem kritischen Verstand. Sein ganzer Körper ist an dem Kennenlernen beteiligt. Mit viel nackter Haut im nackten Arm an der warmen, weichen Brust zu liegen, dabei den vertrauten Geruch wahrzunehmen, zwei freundliche Augen zu sehen, die sanfte, liebevolle, vertraute Stimme zu hören, leise gewiegt und gestreichelt und dabei auch noch satt zu werden, das ist Wonne schlechthin. Da saugt sich das Kind nicht nur voll Nahrung, sondern auch voll Urvertrauen. Es erfährt: Die Menschen um mich herum geben mir alles, was ich brauche. Die Welt ist gut, schön und großzügig.

Manche Mütter können ihr Kind nicht stillen. Väter sowieso nicht. Aber sie können es beim Fläschchengeben genauso zärtlich in den Arm nehmen. Das geht auch.

Man versteht mich

Stillen gibt dem Kind Liebe, Vertrauen und höchstes Glück. Es ist nicht nur ein Stillmachen oder Beruhigen, sondern Training zur Lebenslust.

Das Urvertrauen erhält Nahrung, wenn das Kind erlebt, dass seine Versuche, die eigenen Bedürfnisse mitzuteilen, verstanden, seine Gefühle geteilt, seine Bemühungen, Kontakt aufzunehmen, beantwortet werden. Viele Eltern stehen zunächst recht verunsichert vor diesem Bündel Mensch und fürchten, alles verkehrt zu machen. Überlegen Sie nicht verzweifelt, was Ihnen wer gesagt hat, was Sie jetzt tun sollen oder was Sie dazu gelesen haben. Folgen Sie Ihrem Gefühl, denn genau das spricht Ihr Baby mit seinen Appellen an. Sehen Sie es aufmerksam an, lassen Sie es spüren, dass Sie verstehen, was es empfindet. Lachen Sie mit ihm, wenn es fröhlich ist, schmusen Sie mit ihm, wenn es schmusen möchte, zeigen Sie Mitleid, wenn es traurig ist. Das gibt dem Kind das Gefühl, fest und sicher gebunden und gehalten zu sein.

Manchmal brauchen Eltern eine gewisse Zeit, bis sie die »Sprache« ihres Kindes richtig verstehen. Zum Beispiel, wenn sie das Baby, weil es zu klein oder krank war, noch eine Weile in der Klinik lassen mussten. Das Verständnis entwickelt sich dann aber beim täglichen Umgang miteinander schnell.

Selbstlose Hingabe wird nicht verlangt

Nun kann Urvertrauen vermitteln aber nicht heißen, dass Sie jedem Bedürfnis Ihres Kindes immer sofort nachkommen müssen. Das halten Sie nicht durch.

Wenn das Vertrauen erst mal gefestigt ist, dürfen Sie auch eigene Bedürfnisse ins Spiel bringen. Bei aller Liebe und Fürsorge fürs Kind dürfen Sie diese nicht völlig vernachlässigen. Denn mit ausgelaugten, überreizten, enttäuschten Eltern ist einem Kind nicht gedient.

Nicht alles tapfer hinunterschlucken

Kleine Kinder haben für Wut, Verzweiflung, Enttäuschung und andere unterschwellige »atmosphärische Störung« ein sehr feines Gespür. Sie reagieren womöglich mit Unruhe und vermehrtem Geschrei, und das macht die Sache nur schlimmer. Wem zum Beispiel an einigermaßen störungsfreien Nächten liegt, der gewöhnt seinem Kind lieber nicht an, nur im Arm schaukelnd einschlafen zu können, weil er das dann auch mehrmals in der Nacht praktizieren muss. Und das wird auf die Dauer sehr anstrengend! Legen Sie das satte, saubere Kind zu einigermaßen gleichen Zeiten allein in sein Bettchen, auch wenn es dagegen ein paar Minuten lauthals protestiert. Davon wird das Urvertrauen nicht gleich grundsätzlich erschüttert. Wenn Sie Ihr Kind allerdings regelmäßig und lange schreien lassen, sieht das schon anders aus.

Eine sichere Tankstelle für die Seele

Jedes gesunde Kleinkind ist ungemein neugierig. Sobald es lernt, sich fortzubewegen, macht es sich auf, alles zu untersuchen und zu erforschen. Aber sobald etwas schief geht, sobald etwas wehtut oder Angst macht, flüchtet es zurück in die schützende Obhut seiner engsten Vertrauten. Dann will es in den Arm genommen, gewiegt, liebkost und getröstet werden. Dann tankt es wieder Selbstsicherheit auf für neue Unternehmungen. Deshalb ist es für das kleine Kind wichtig, dass so ein Mensch zum Auftanken ständig in greifbarer Nähe ist, Wärme und Zärtlichkeit großzügig gewährt.

Die soziale Einstellung eines Menschen, die ihn das Maß finden lässt, wie er mit anderen umgehen will, wird in den ersten Lebensmonaten geprägt.

Falls Sie Ihr Kind früh in fremde Obhut geben wollen, sollten Sie es da erst allein lassen, wenn das Kind zu dem neuen Menschen Vertrauen gewonnen hat, sich auch von ihm in den Arm nehmen und trösten lässt.

Falls Ihr Kind etwa ins Krankenhaus muss, sollten Sie alles daran setzen, sich mit aufnehmen zu lassen, denn gerade, wenn es ihm schlecht geht, kommt es ohne seelisches Auftanken nur sehr schwer zurecht. Bleibt es ohne diesen Schutz, wird es nach einer Phase wütenden Protestes vielleicht still, fügsam und pflegeleicht werden, aber sein Urvertrauen hat einen Knacks bekommen. Auch das lässt sich mit der Zeit wieder ausbügeln, wenn alles andere in Ordnung ist, aber besser ist es, solche Erfahrungen zu vermeiden.

Nach Erschütterung erst regenerieren

Um dem Kind Mut zu geben und die Scheu zu nehmen, soll in den frühen Lebensjahren immer ein Elternteil als Ansprechpartner oder als schützende Gestalt zugegen sein.

Nach einer gewaltsamen Trennung, die nicht vermieden werden konnte, muss das Kind erst neues Vertrauen fassen. Es wird für einige Wochen wahrscheinlich extrem klammern, Mama oder Papa keinen Moment aus den Augen lassen, nachts schreiend hochschrecken und nur an Ihren Körper geschmiegt einschlafen wollen. Helfen Sie ihm, so schnell wie möglich wieder aufzutanken.

Auch wenn Sie ein Kind aus einem Heim oder aus problematischen Verhältnissen in Pflege nehmen, müssen Sie damit rechnen, dass es Urvertrauen nicht ausreichend entwickeln konnte. Es wird vielleich verstört und verunsichert, verzagt oder aggressiv sein. Es wird, wenn es schon etwas älter ist, vielleicht »testen«, ob Sie es mit Ihrer Zuwendung wirklich ernst meinen, ob Sie wirklich zuverlässig sind, selbst wenn es sich unmöglich benimmt. Das fordert manchmal viel Geduld. Das Kind muss Ihrer erst ganz sicher sein, bevor es sich auf Sie einlassen kann. Lassen Sie sich in einer solchen Situation durch eine Beratungsstelle oder eine Selbsthilfegruppe unterstützen.

Aus Urvertrauen wächst Selbstvertrauen

Urvertrauen ist zunächst Vertrauen in die Welt und in andere Menschen, ist das Bewusstsein, gut und sicher aufgehoben zu sein. Ein Verhältnis zu sich selbst entwickelt das Kind daraus, wie die anderen mit ihm umgehen. Wenn andere ihm immer wieder zeigen, dass sie es lieb haben, so wie es ist, wird es sich selbst für liebenswert halten. Wenn es erlebt, dass andere ihm etwas zutrauen, wird es auch selbst Zutrauen in seine eigenen Fähigkeiten entwickeln.

Jeder Säugling hat sein individuelles Entwicklungstempo.

Auch ältere Kinder wollen die Liebe ihrer Eltern immer wieder spüren, sich ihrer immer wieder versichern. Deshalb brauchen sie viel Zärtlichkeit, wollen schmusen und in den Arm genommen werden. Nur wenn Kinder dieser Liebe sicher sind, können sie ihrer selbst sicher werden. Sie fühlen sich schlecht, wenn die Eltern ärgerlich mit ihnen sind.

Gerade wenn Sie Streit miteinander hatten, wenn Sie aus der Haut gefahren sind oder das Kind einen Trotzanfall hatte, zeigt ihm eine liebevolle Umarmung, dass alles wieder gut ist.

Heftiges Infragestellen von Gegebenheiten rüttelt an den Grundfesten der Persönlichkeit; damit sich keine »Risse in der Wand« bilden, braucht es Zeit, Geduld und Hilfe.

Kinder brauchen Halt und Sicherheit

Es ist zur Zeit sehr aktuell zu betonen, dass Kinder feste Regeln brauchen, weil ihnen das auch Sicherheit gibt. Aber vielfach wird das ganz einseitig so verstanden, dass man Kindern gewissermaßen ein Terrain abstecken muss aus »du musst«, »du sollst«, »du darfst nicht«, innerhalb dessen sie sich dann sicher bewegen können. Zuerst aber müssen Kinder erleben, wie gut es ist, wenn es verlässliche Regeln gibt.

Auf Eltern muss man sich verlassen können

Kleine Kinder verhalten sich nicht mustergültig. Aus einer Kombination von Motiven testen sie aus, wie weit sie gehen dürfen.

Kinder brauchen deshalb zunächst und in erster Linie Eltern, die sich selbst an feste Regeln halten, damit das Kind ihrer sicher sein, sich bei ihnen sicher fühlen kann.

➤ Wenn Eltern etwas versichern, muss es auch wahr sein, auch wenn es manchmal leichter wäre, ein Kind zu bemogeln.

➤ Wenn Eltern etwas versprechen, müssen sie es auch halten, auch wenn Umstände eintreten, die das schwer machen.

➤ Wenn Eltern heute über eine kindliche Dummheit lachen, dürfen sie es morgen dafür nicht ausschimpfen. Oder sie müssen zumindest eine Erklärung für ihren Sinneswandel geben.

Nicht stur wie ein Panzer

Sie können auch einlenken, müssen nicht immer bei dem bleiben, was Sie einmal gesagt haben. Ein Kind möchte auch das Gefühl haben, dass eigene überzeugende Argumente gehört und ernst genommen werden. Aber bestimmte, einmal aufgestellte Regeln sollten schon eingehalten werden. Sonst steht das Kind jedes Mal vor der Notwendigkeit, aufs Neue auszuprobieren, ob es Sie nicht doch bequatschen kann. Und das ist anstrengend!

Konsequenz ohne Starrheit

Wenn Eltern als Folge für ein Verhalten etwas androhen, dann sollte das auch wirklich eintreten. Sonst werden sie unglaubwürdig. Besonders in kritischen Situationen brauchen Kinder auch das Gefühl, die Eltern wissen, was jetzt zu tun ist. Eltern, die bei notwendigen Regelungen schwanken und zögern, sich leicht umstimmen lassen, heute dies und morgen jenes sagen, machen auch das Kind unsicher. Untersuchungen über Geschwister ergeben immer mal wieder, dass viele älteste Kinder ängstlicher, unsicherer sind als nachfolgende Geschwister. Erste Kinder haben oft noch unsichere Eltern. Beim Zweiten oder Dritten ist dann vieles schon selbstverständlich geworden oder wird lockerer gehandhabt.

Eltern haben Grenzen

Trotz des vorher Gesagten ist es richtig, dass Kinder auch Grenzen kennen lernen müssen, schon ihrer eigenen Sicherheit wegen. Zunächst sind dies aber vor allem Grenzen der Eltern, jenseits derer sie etwas, was das Kind tut, nicht mehr aushalten können, nicht mehr dulden wollen. Ein zorniges »Au!« zeigt ihnen, dass sie Papa nicht ins Gesicht schlagen dürfen, ein harsches »Nein!«, dass sie die Kaffeetassen nicht vom Tisch fegen sollen. Von klein auf sollen Kinder lernen, dass ihre eigene Freiheit, zu tun was sie wollen, da endet, wo sie die Rechte anderer verletzen. Bis sie das begreifen, wird man allerdings die Kaffeetassen rechtzeitig in Sicherheit bringen müssen.

Beharrlichkeit meint nicht ständiges Verweigern, das in Sturheit ausartet. Viel mehr bedeutet sie, standhaft bei getroffenen Entscheidungen zu bleiben.

Aber auch wenn sie es dann begreifen können, wird sie das nicht immer davon abhalten, das Verbotene trotzdem und gerade erst recht zu tun. Vielleicht nur, um zu sehen, was dann passiert.

Es ist nicht autoritär, wenn der Erwachsene die Grenzen dessen, was er zu tolerieren bereit ist, rechtzeitig, nachdrücklich und eindeutig ausdrückt. Tut er das früh genug, kann er dabei gelassener bleiben, kann auch ohne zu viel Wut im Bauch Konsequenzen eintreten lassen, die er vorher angekündigt hat.

Mögliche Situationen mit einer Wenn-Dann-Ankündigung sind:

- Wenn du nicht aufhörst zu boxen, spiele ich nicht weiter.
- Wenn ihr nicht aufhört, euch um das Auto zu zanken, stelle ich es auf den Schrank.
- Wenn der Schal verschlampt ist, dann musst du halt einen von mir tragen.

Stellvertretend werden Eltern dem Kind auch die Rechte und Bedürfnisse anderer deutlich machen – das Bedürfnis des kleinen Schwesterchens, nicht gebissen zu werden, das Bedürfnis der Nachbarin, sich an einem nicht zertrampelten Blumenbeet zu freuen. Dass kleine Kinder sich in Überschwang und Entdeckerfreude zunächst über solche Grenzen ständig hinwegsetzen, ist unvermeidbar.

Auf die Gefühle anderer hinweisen

Es ist wenig Erfolg versprechend, Kinder dafür zu bestrafen, dass sie einem anderen zu nahe getreten sind. Das schafft selten Einsicht, eher Wut und das Bedürfnis nach Rache. Nur aus Einsicht und Verantwortung für ihre Tat werden sie ihr Verhalten nachhaltig ändern.

Es verspricht mehr Erfolg, wenn Sie Ihr Kind auf Kummer, Schmerzen, Enttäuschung, die es jemandem zugefügt hat, immer wieder aufmerksam machen, bei Älteren »Täter« und Opfer möglichst miteinander ins Gespräch bringen.

Kleine Katastrophen sind nicht schlimm, denn Kindertränen trocknen schnell.

Auch den Umgang mit Tieren und Pflanzen, mit der ganzen belebten Natur müssen Kinder in dieser Weise lernen. Der Mensch und erst recht das einzelne Kind ist nicht Herr der Schöpfung, sondern Teil von ihr und somit verpflichtet, mit allen anderen Teilen schonend und rücksichtsvoll umzugehen. Dies gilt für Kinder und Erwachsene gleichermaßen: Leben und leben lassen. »Den Anderen« in seinem Anderssein zu respektieren, ist ein Imperativ, der nach wie vor leider nur unzureichend in der Gesellschaft eingelöst wird.

Wie dieser Grundsatz im Einzelnen zu interpretieren ist, ob das Recht der Nachbarn auf Ruhe mehr zählt als das Recht des Kindes, zu spielen und zu kreischen, ob die Achtung vor der Natur es verbietet, auf dem Rasen zu spielen, das steht dann freilich noch auf einem anderen Blatt. Aufgabe der Eltern ist es, die Rechte der einen und die der anderen immer wieder neu gegeneinander abzuwägen. Und ältere Kinder sollten dabei mitzureden haben.

Keine pädagogischen Wechselbäder

Eltern sollten bei dem, was sie tun, eine für das Kind nachvollziehbare klare Linie einhalten. Das ist nicht immer einfach. Manche Eltern möchten gern sehr nachsichtig und verständnisvoll sein. Sie lassen die Kinder gewähren, selbst wenn es in ihnen schon kocht. Aber irgendwann halten sie es nicht mehr aus. Und dann greifen sie in ihrem Zorn doch wieder voll in die alte autoritäre Mottenkiste. Dann lieber rechtzeitig bremsen, solange man das noch einigermaßen beherrscht tun kann.

Andere werden schnell ungeduldig und nervös, weil sie selbst Probleme oder zu viel um die Ohren haben. Sie schimpfen dann mit den Kindern, nörgeln herum, oder es rutscht ihnen gar die Hand aus. Das tut ihnen dann wieder schrecklich leid, sie versuchen, es gutzumachen, indem sie ganz besonders lieb sind oder dem Kind etwas schenken. Solche Wechselbäder der Gefühle sind für Kinder ganz besonders nachteilig. Sie können sich des Verhaltens von Vater oder Mutter nie sicher sein. Deshalb können sie sich auch nicht sicher aufgehoben fühlen. Sie müssen ständig auf der Hut sein, damit das eine Verhalten nicht in das andere umschlägt. Und oft geben sie sich selbst daran die Schuld. Sie werden ihrerseits unruhig und unausstehlich, wissen selbst nicht, was ihnen eigentlich fehlt.

Wer zu übermütigen Handlungen neigt, muss damit rechnen, dass auch die Kleinen Bocksprünge machen. Erziehen heißt, zuerst sich selbst disziplinieren.

Wenn Sie zu solchen Kapriolen in Ihrem Erziehungsverhalten neigen, überlegen Sie sich, solange es Ihnen gut geht und Sie nicht von Ihren Kindern »genervt« sind:

- Was belastet mich besonders?
- Wie könnte ich meine Situation verändern?
- Wo kann ich Hilfe finden, damit ich meine Gereiztheit nicht an den Kindern auslasse?
- Was will, was kann ich ertragen, und was geht mir zu weit?

Besprechen Sie das klar mit Ihrem Kind, Ihren Kindern, so dass Sie, wenn es vielleicht einmal kritisch wird, nur daran zu erinnern brauchen.

Finden Sie gemeinsam fest umrissene Regeln, mit denen Sie alle zurechtkommen können. Kinder wollen Klarheit.

Weiß Ihr Kind immer genau, was Sie von ihm erwarten?

Oft sagen wir »Lass das!«, lachen aber dabei oder beschäftigen uns mit etwas anderem, drehen ihm vielleicht gar den Rücken zu. Solange hat das Kind es leicht, das, was Sie sagen, als Hintergrundgesäusel zu betrachten, auf das man nicht zu reagieren braucht. Das ist bei manchen unserer Ermahnungen vielleicht ganz angebracht, denn wir reden viel zu viel. Wenn Sie Ihrem Kind etwas Wichtiges mitteilen wollen, sagen Sie es klar und deutlich, mit einer Stimme und einem Gesichtsausdruck, der Ihrem Kind klarmacht: Das ist ernst gemeint – nicht drohend, sondern bestimmt. Gehen Sie in die Hocke, damit Ihr Gesicht in der Höhe des Kindes ist, sehen Sie es dabei an, berühren Sie es – an der Hand, an der Schulter, damit auch Ihre Hände diese ruhige Bestimmtheit ausdrücken können. Sie können natürlich nicht unentwegt so vor Ihrem Kind hocken. Sparen Sie sich das auf für wenige, wirklich wichtige Gelegenheiten. Und verkneifen Sie sich all das Überflüssige.

Gleiches Recht für alle

Manche sehen die Gleichberechtigung in der Familie einseitig. Auch die Kinder müssen Rücksicht auf die Eltern nehmen.

In einer Familie, in der Menschen sehr unterschiedlichen Alters und unterschiedlicher Bedürfnislage sehr eng zusammenleben, sollte sich möglichst jeder wohlfühlen, jeder zu seinem Recht kommen – die Kinder, aber auch die Eltern. Jeder wird auch mal den anderen zuliebe zurückstecken, eine Entsagung in Kauf nehmen müssen. Kinder zu haben bedeutet nicht, dass Eltern auf alles verzichten müssen, damit es nur ja den Kindern gut geht. Das bekommt den Eltern nicht, aber auch nicht den Kindern. Dafür, was man mit Rücksicht auf die anderen darf oder nicht darf, muss jede Familie ihre eigenen Regeln finden.

➤ Jonas darf seinen kleinen Bruder nicht hauen, die Eltern ihn aber auch nicht.

➤ Vati soll anklopfen, wenn er das Zimmer seiner Tochter betritt, aber sie muss auch ihre Musik leiser stellen, wenn er am Schreibtisch sitzt.

➤ Er darf nicht in ihren Schubladen kramen, sie aber auch nicht in seinen.

Praktisches Üben in Demokratie

Solange die Kinder klein sind, müssen die Eltern stellvertretend die Bedürfnisse und Rechte der Kinder gegen die eigenen abwägen. Später kann man darüber verhandeln und, wenn es sein muss, auch streiten. Für manche Eltern ist es schwierig, sich von einem unreifen Naseweis Verhaltensvorschriften machen zu lassen. Aber wie soll er reifer werden, wenn er nicht üben darf?

Rituale sind fixe Abfolgen von Handlungen, die zu festen Zeiten erfolgen. Dabei kann der ursprüngliche Zweck eine neue Bedeutung bekommen.

Rituale als fester Rahmen

Es erleichtert Kindern die Orientierung, wenn bestimmte Dinge immer wieder genau in gleicher Weise ablaufen. Wer daran gewöhnt ist, um ein Uhr Mittag zu essen, um sieben Uhr schlafen zu gehen, der wird bald regelmäßig um ein Uhr hungrig, um sieben Uhr müde werden.

In heiterer Stimmung verbringen Kinder den Tag. Frohsinn sollte der Taktgeber für den Rhythmus sein.

Rhythmus im Alltag

Ein gestörter Rhythmus belastet den Körper, denn er benötigt viel Energie, um sich auf stets neue Gegebenheiten einzustellen. Rhythmus gibt dem Kind Ruhe, Frieden und vor allem Sicherheit.

Es mag allerdings gewichtige Gründe dafür geben, dass Sie feste Zeiten nicht einhalten können oder wollen – unregelmäßige Arbeitszeiten zum Beispiel oder unregelmäßige Schulzeiten älterer Geschwister. Dann werden Sie auch anders zurechtkommen. Niemand kann Ihnen sagen, wie man es »richtig« macht – richtig ist das, was sich in Ihrer Familie am besten bewährt. Bei besonderen Problemen lohnt aber die Überlegung, ob mehr Regelmäßigkeit vielleicht machbar und hilfreich wäre. Für hyperaktive Kinder zum Beispiel ist ein festgelegter Tagesablauf besonders wichtig, damit sie leichter Ordnung in ihre chaotischen Handlungsabläufe kriegen.

Kindern, die Schlafprobleme haben, hilft oft ein festes Ritual, das jeden Abend genau gleich abläuft – Zähneputzen, Gutenachtgeschichte, Küsschen auf die Nase, Bettzipfel hinters Ohr, Nachtlicht in die Steckdose – oder wie immer das bei Ihnen Gewohnheit sein mag. Und versuchen Sie besser nicht, so ein Ritual auf das Wesentliche zu beschränken, wenn Sie es mal eilig haben. Denn den Unterschied zwischen wensentlich und unwesentlich gibt es für ein kleines Kind nicht, und wenn Sie alles verkehrt machen, wird es erst recht unruhig, und Sie kommen noch später weg als sonst.

Was Bestand haben soll

Rituale für Familienfeste, zur Regel gewordene Schummerstündchen bei Kerzenlicht, Spielstunden, Diskussionen am Küchentisch sind Fixpunkte im Kinderleben, die ihm Stetigkeit und Festigkeit geben, das Gefühl vermitteln, in solche festen Abläufe sicher eingebunden zu sein.

Wenn der sichere Boden unter einem Kind mal schwankt, zum Beispiel, weil die Eltern sich trennen, ist es besonders wichtig, dass möglichst viele solcher Fixpunkte weiter bestehen bleiben. Oder dass möglichst schnell neue geschaffen werden, zum Beispiel regelmäßige Besuche bei dem Elternteil, der wegzieht.

Die Stimme des Gewissens

Je mehr Vertrauen ein Kind in seine Eltern setzt, desto mehr wird es mit ihnen reden, sie ins Vertrauen ziehen, wenn es schwierig wird, wenn es Dummheiten gemacht hat, wenn ihm etwas unheimlich ist. Aber nicht immer sind die Eltern da, um zu raten oder zu helfen. Dann muss dem Kind sein eigenes Gewissen sagen, was es tun und lassen soll. Die Stimme des Gewissens in einem Kind ist zunächst die Stimme seiner Eltern. Sie sind es, die ihm zeigen, was gut und richtig ist, was man tun sollte und nicht tun darf. Und zwar weniger durch das, was sie ihm predigen, als durch das, was sie ihm überzeugend vorleben.

Je mehr ein Kind sich mit den Regeln, die die Eltern vorgeben, angenommen, sicher und geborgen fühlt, desto mehr wird es sich mit ihnen identifizieren, desto leichter wird es auch auf die Stimme seines eigenen Gewissens hören.

Früher war man der Ansicht, Respekt sei nur den Höhergestellten, die in der Regel älter waren, zu zollen. Nach oben buckeln, nach unten treten. Wir wollen aber auch mit Kindern nur noch richtig, nämlich sportlich, Rad fahren.

Gegen ein überstrenges Gewissen, das niedermacht, tadelt, droht, setzt sich auch ein jüngeres Kind eher zur Wehr, sucht sich seine kleinen Fluchten oder hört einfach nicht hin.

Erst in der Pubertät vermag ein Kind, sich mit diesen von den Eltern übernommenen Normen kritisch auseinanderzusetzen, sein eigenes Gewissen unabhängig zu begründen. Dann gibt ihm sein eigenes Gewissen den Halt, den ihm vorher die Eltern gaben. Auf dem Weg dahin wird es manchmal vielleicht vorlaut, unreif, großspurig unsere Werte und Normen in Frage stellen. Oder es vergleicht das, was wir sagen, mit dem, was wir tun. Und findet recht zielsicher die wunden Punkte. Das ist für uns Eltern unangenehm, für das Kind ist es ein wichtiges Übungsfeld.

Kinder brauchen Achtung

Lieber kess als brav, lieber eigenwillig als willfährig, so sind Kinder für ihren Lebensweg besser gerüstet. Brav werden Kinder nicht geboren, brav werden sie gemacht. Das kann man vermeiden. Aber nicht jedes Kind, das man ermutigt, selbstbewusst und eigenwillig zu sein, wird kess. Manche Menschenkinder bleiben trotzdem eher still und zurückhaltend, müssen dabei aber nicht weniger selbstbewusst sein.

So nehmen, wie man es kriegt

Menschen, die an der Gestaltung der Wirklichkeit teilhaben, sind abgerundete Individuen. Dies gelingt ihnen, nachdem sie ihre Anlagen voll entfaltet haben.

Ob jemand schnell und locker auf andere zugeht oder eher in sich verschlossen bleibt, ob er auch mal einen Stoß verträgt oder sehr sensibel reagiert, ob er vor Unternehmungslust quietscht oder eher bedächtig vorgeht, das ist ein Stück weit auch angeboren. Eltern können aus einem Sensibelchen mit noch so viel Mühe keine Betriebsnudel machen. Aber sie können ihr Sensibelchen so stärken, dass es weiß, was es will, dass es in seiner zurückhaltenden Art trotzdem zäh und eigenwillig seine Meinungen und Interessen vertritt.

Kinder sind Persönlichkeiten

Der erste Achtungserweis, den Eltern ihrem Kind schulden, ist der, dass sie es so akzeptieren, wie es ist, dass sie nicht versuchen, es nach ihrem Bilde, nach ihren Vorstellungen zu formen. Es ist nicht so, dass ein Kind als völlig unbeschriebenes Blatt auf die Welt kommt, auf das dann die Eltern den Plan ihres Lebens zu schreiben hätten. Ein Kind ist von Geburt an eine kleine Persönlichkeit, die den Weg ihrer Entwicklung aktiv mitgestaltet. Von Anfang an weiß es, was es will und was es gerade braucht. Es erzieht seine Eltern dazu, das zu tun oder zu lassen, was gerade nötig ist. Mit rudernden Ärmchen und weit aufgerissenen Augen kriegt so ein Baby uns schnell dazu, dass wir uns mit ihm beschäftigen, reden, lachen, schäkern. Hat es aber genug davon, dreht es das Gesicht zur Seite und macht uns klar: »Jetzt möchte ich mal wieder meine Ruhe haben«. Eltern reagieren darauf ganz impulsiv, sie verstehen, ohne groß darüber nachzudenken. Zeigen sie sich begriffsstutzig, verstehen sie die »Sprache« des Kindes nicht, muss das Kind auch mal deutlicher werden und sie anbrüllen. Mit der Zeit begreifen sie dann schon.

Entwicklung im Dialog

Im Umgang mit ihrem Kind stellen die Eltern nach und nach fest, ob sie ein eher scheues und sensibles Persönchen in die Welt gesetzt haben oder ein ziemlich stressfestes Lachsäckchen, einen ruhigen Philosophen oder einen temperamentvollen Draufgänger. Wenn sie ihr Kind aufmerksam beobachten, lernen sie, mit ihm so umzugehen, dass es ihm gut geht. So formt sich in einem ständigen Dialog von Ausdrücken und Verstehen, Anregen und Antworten sein Charakter.

Genetisch programmiert, aber sozial geprägt

Dass manche Eigenheiten durch Vererbung mitbestimmt sind, heißt noch lange nicht, dass sie sich ohne Zutun der Umwelt quasi automatisch entwickeln. Erst durch die ständige Auseinandersetzung mit der Umwelt, zunächst vor allem mit der elterlichen Erziehungshaltung, wird aus einer Eigenheit eine Charaktereigenschaft. Und zum Charakter wird eines Tages viel mehr gehören als die durch Vererbung erheblich mitbestimmten Eigenheiten von Temperament und Sensibilität.

Obwohl ein Nachkomme, biologisch gesehen, nur eine Mischung aus zwei Erbanlagen darstellt, zeigt doch jedes Kind, dass es eine persönliche Note hat, von der niemand weiß, woher sie kommt.

Ganz wichtig wird dabei sein, ob das Kind in der Überzeugung aufwächst, gut zu sein, so wie es ist. Ob es mit sich selbst im Reinen sein kann oder ständig von Selbstzweifeln angenagt wird, ob es sich in sich selbst zu Hause fühlen kann oder immer das Gefühl hat, eigentlich anders sein zu müssen. Und das haben wir Eltern in der Hand durch die Art, wie wir auf die Eigenheiten des Kindes eingehen.

Kinder sind nicht dazu da, Elternträume zu erfüllen

Eltern wollen das Beste für ihre Kinder. Sie möchten, dass die es einmal besser haben als sie selbst, dass sie sich Wünsche erfüllen können, die den Eltern versagt blieben. Und so werden Träume der Eltern leicht auf die Kinder übertragen. Mutter hätte so gern studiert, durfte aber nicht. Deshalb soll das unbedingt die Tochter tun. Dass die eher handfest gestrickt ist und Mechanikerin werden möchte, empfindet die Mutter wie eine Beleidigung. Vater

Beschäftigung mit der Musik bereichert das Leben.

ärgert sich noch heute, dass er das Trompetespielen wieder aufgegeben hat, weil er zu faul zum Üben war. Nun hat der Sohn das gute Stück geerbt, und Vater sitzt ihm ständig mit der Forderung im Genick, mehr zu üben. Aber der Sohn will gar nicht Musik machen, der möchte viel lieber Fußball spielen und mit seinen Freunden herumtoben.

Den Lebensfilm selbst drehen

Eine Mutter, die gern studieren wollte, soll das lieber selbst tun, ein Vater, der seiner Trompete nachtrauert, soll lieber selbst wieder Stunden nehmen. Niemand sagt, dass man das nicht auch noch mit fünfzig tun kann.

Eltern, vor allem Mütter, die ihr ganzes Leben auf das Wohlergehen der Kinder ausrichten und eigene Träume völlig hintenanstellen, laufen besonders Gefahr, die Erfüllung ihrer Träume dann über die Kinder zu versuchen. Aber das ist für die Kinder eine schwere Hypothek. Die Folgen sind leicht Unselbstständigkeit oder Trotzreaktionen.

■ Die eigene Identität finden

Selbstzweifel und Brüche in der Identität entstehen, wenn wir ein Kind in eine Richtung (er)ziehen wollen, die nicht zu ihm passt. Wenn wir einem zarten, zurückhaltenden Jungen, der rauen Bolzereien aus dem Wege geht und lieber mit Mädchen spielt, ständig erklären, er müsse sich wehren und durchsetzen, weil wir meinen, ein »richtiger« Junge müsse eben so sein. Was muss das Kind daraus schließen? Dass es seinen Eltern so, wie es ist, nicht recht ist, dass es falsch ist, dass es, wenn es ein »richtiger« Junge sein wollte, ganz anders sein müsste.

Sicher möchten wir einem zart besaiteten Kind dazu verhelfen, dass es nicht immer verhauen wird und darunter leidet. Aber es gibt auch Taktiken, mit denen sich ein pfiffiger, selbstbewusster Däumling gegen rohe Gewalt erfolgreich zur Wehr setzen kann. Rechtzeitig weglaufen zum Beispiel ist überhaupt nicht feige, sondern sinnvoll, wenn man klein, aber wieselflink ist.

■ Das Grimmsche Märchen vom Daumesdick

Ein gerade mal daumengroßes Kerlchen mit selbstbewusster Pfiffigkeit bringt allerhand zuwege, weil es sich der Achtung und Liebe seiner Eltern ganz sicher ist. Weil seine Eltern ihm viel zutrauen, traut es sich auch selbst viel zu und schafft es! Andererseits darf ein Kind nicht den Eindruck haben, dass ständig mehr von ihm erwartet wird, als es leisten kann. Es gerät dadurch unter großen Druck, weil es glaubt, die Liebe seiner Eltern sei an diese Bedingung geknüpft. Jede schlechte Leistung, jeder »Verstoß« gegen die Erwartungen der Eltern wird dadurch zur Katastrophe. Wie anders kann man es sich erklären, dass so viele Kinder sich an Zeugnistagen nicht nach Hause trauen, manche sogar Selbstmord begehen.

Daumesdick ist der Prototyp vom Durchblicker, der sich die Wege selbst bahnt. Aber auch weniger heftige Charaktere sollen ihr Sprungbrett finden.

Wie du mir, so ich anderen

Ein Kind, das überzeugt ist, nur geliebt zu werden, wenn es mutig ist, beruflich in Vaters oder Mutters Fußstapfen tritt, gute Zeugnisse nach Hause bringt, wird sich wahrscheinlich bemühen, so zu sein, wie die Eltern es gern hätten. Das kann es aber nur schaffen, wenn es die Anteile seines Charakters, die den Eltern nicht recht sind, vor anderen und auch vor sich selbst versteckt und verdrängt. Der Junge, der dem Vater nicht mutig genug ist, wird vielleicht besonders gemein gegenüber Schwächeren. Das Mädchen, das unbedingt gute Noten bringen soll, wird zur Streberin, die auf Mitschüler mit schlechteren Noten herabsieht. Beide verfolgen an anderen, was sie als Makel erleben, bei sich selbst nicht dulden dürfen. Und so bildet sich ein unerbittlicher Charakter heraus.

Ohne Vorbehalt

Manche Kinder neigen zu Reaktionen, die sie selbst nicht verstehen können, sie kennen sich mit sich selbst nicht aus, sind bei sich selbst nicht zu Hause. Wer mit sich selbst nicht im Reinen ist, kann anderen nicht unbefangen gegenübertreten und wird wohl entsprechend unbeliebt sein. Wer aber unbeliebt ist, keinen anerkannten Platz in der Gemeinschaft findet, kann auch kein solides Selbstbewusstsein erwerben. Vielleicht wird er ein vorlauter Schreihals und Selbstdarsteller, aber das darf man mit einem soliden Selbstbewusstsein nicht verwechseln.

Frühe Erfahrungen mit Macht und Ohnmacht

Eltern sind mächtig, sie können einen Zweijährigen einfach hochheben und wegtragen, eine Siebenjährige gegen ihren Willen zum Arzt bringen, sie können einem Dreizehnjährigen verbieten, etwas auf Kredit zu kaufen. Kinder sind dem ausgeliefert. Das macht sie oft ohnmächtig wütend. Eltern müssen in solchen Fällen ihre Macht nutzen, weil sie Verantwortung für das Kind tragen, das diesen Entscheidungen selbst noch nicht gewachsen ist.

Gebundene Hände sind, wie jeder weiß, ein scheußliches Gefühl. Denken Sie an Knebelverträge oder unverrückbare Deadlines, und ersparen Sie ihrem Kind ähnliche Empfindungen.

Trotzdem ist Ohnmacht ein sehr ungutes Gefühl, das bei der Ausformung des Charakters eine zerstörerische Rolle spielt. Aufgabe der Eltern ist es deshalb, solche Ohnmachtsgefühle auf ein unvermeidbares Minimum zu beschränken und durch viele andere Erfahrungen, in denen das Kind Achtung und Anerkennung erfahren kann, zu neutralisieren.

Ohnmacht empfindet ein Kind immer dann, wenn es sich elterlichen Maßnahmen ausgesetzt fühlt, ohne selbst Einfluss darauf nehmen zu können:

- Wenn es am Fernsehen gehindert wird, indem das Wohnzimmer abgeschlossen wird.
- Wenn es verdonnert wird, sich bei der Nachbarin zu entschuldigen, obwohl es das überhaupt nicht einsieht.
- Wenn ohne Anhörung der eigenen Argumente angeordnet wird, dass es um sieben zu Hause zu sein hat.

Der Kampf um Einsicht und um freiwillige Akzeptanz einer gemeinsam beschlossenen Regel ist viel schwerer und manchmal nervenzerfetzend, aber trotzdem lohnend.

Permanente Ohnmachtsgefühle deformieren den Charakter. Ein Kind, das mit ihnen aufwächst, lernt früh, dass es sinnlos und nachteilig ist, gegen Mächtigere zu opponieren. Es lernt, sich zu fügen – wenigstens an der Oberfläche. Was man heimlich tut, steht auf einem anderen Blatt.

■ Despoten und Stiefellecker

Fühlt sich ein gemaßregeltes Kind trotzdem stark, träumt es von dem Tag, an dem es selbst auf die Seite der Mächtigen übergeht, selbst Macht ausüben, andere seine Macht spüren lassen kann. Schon wer in die zweite Klasse geht und Erstklässlern Angst einjagen kann, leidet weniger unter der Angst, die er vor den Viertklässlern hat.

Zurückgeben, was man selbst erhalten hat. Scheinbar ein ewiger Kreislauf, der nur ganz allmählich zu beeinflussen, in positive Richtungen zu verrücken ist.

Fühlt sich ein Kind nicht stark genug, selber Macht auszuüben, versucht es eher, an der Macht anderer teilzuhaben, indem es sich ihnen als williger Helfer andient. Wer bereitwillig einen Erstklässler festhält, den ein Viertklässler verhauen will, fühlt sich eher auf der Seite der Mächtigen.

Sie merken es an den Beispielen – es sind beileibe nicht die Eltern allein, die solche Entwicklungen beeinflussen. Aber die frühen Erfahrungen, die ein Kind in seiner Familie macht, werden Einflüsse anderer Umgebungen, zum Beispiel der Schule, verstärken oder ausgleichen.

Strafen als Machtausübung

Viele Strafen verfehlen ihr Ziel, Einsicht zu wecken, weil sie auf Machtausübung beruhen.

➤ Wer Zuspätkommen mit Taschengeldentzug bestraft, kann das nur, weil er die Verfügungsgewalt über das Geld hat. Vergehen und Strafe haben an sich nichts miteinander zu tun. Solche Strafen finden Kinder eher gemein als gerecht. Deshalb bewirken sie keine Einsicht.

- Wenn jemand zur nächsten Party nicht hingehen darf, weil er von der vorigen viel zu spät nach Hause gekommen ist, sieht das schon anders aus. Das eine ist die logische Folge des anderen.
- Wer gar selbst mitbestimmen durfte, wann er zu Hause sein soll und was folgen soll, falls er sich nicht daran hält, wird um die Einsicht, dass er an den Folgen des Zuspätkommens selbst schuld ist, wohl kaum herumkommen.

Es ist noch gar nicht so lange her, da wurden Eltern gesiezt und per Handkuss verabschiedet.

Manche Eltern glauben, dass der Zweck einer Strafe erst erreicht ist, wenn das Kind völlig zerknirscht und am Boden zerstört ist. Was aber Kinder in solchen Situationen fühlen, ist eher Demütigung, vielleicht auch Wut. Und das steht der Einsicht sehr im Wege. Und der Entwicklung des Selbstwertgefühls auch. Wie geht es Ihnen denn, wenn Sie etwas falsch gemacht haben – was empfinden Sie, wenn Sie dafür zusammengestaucht werden? Ist es nicht viel wirksamer, wenn man Ihnen Gelegenheit gibt, den Fehler zu korrigieren, ohne dass Sie dabei das Gesicht verlieren?

Anders als zu Kaisers Zeiten

Wie man in der Familie miteinander umgeht, ist auch ein Abbild der Machtverhältnisse in der Gesellschaft. So lange wir einen Kaiser hatten, hatten die da oben das Sagen, und die Kleinen hatten zu kuschen. Und so ging es auch in den Familien zu. Vater war der Größte, dem alles gehorchte, die Kleinsten hatten am wenigsten zu melden. Wer in der Familie so aufwuchs, kam in der Welt draußen gut zurecht.

Heute brauchen wir Menschen, die sich nicht alles gefallen lassen, die eine eigene Meinung haben und diese auch mutig vertreten. Die Wirtschaft wünscht sich Arbeitnehmer, die selbstbewusst, kreativ und eigenständig sind. Und wo sollen sie das lernen? Wer von klein auf erfährt, dass seine Meinung Gewicht hat, tut sich damit jedenfalls leichter.

Sicher, wir Erwachsenen haben den Kindern einiges an Erfahrungen und Wissen voraus, was wir gern an sie weitergeben möchten. Wir haben auch Erziehungsziele im Kopf, die wir den jüngeren Kindern noch nicht erklären können.

Im Gespräch miteinander

Erziehung ist kein einseitiger Prozess von oben nach unten. Wenn Kinder auf uns hören sollen, sind wir gut beraten, wenn wir auch auf sie aufmerksam hören. Wenn wir möchten, dass sie uns und unsere Ratschläge achten, tun wir gut daran, wenn wir auch ihnen und dem, was sie zu sagen haben, mit Achtung begegnen.

Eltern müssen nicht unentwegt ihre Überlegenheit beweisen. Sie brechen sich keinen Zacken aus der Krone, wenn sie sich von ihrem Kind umstimmen lassen, wenn sie zugeben, etwas falsch gemacht zu haben, wenn sie sich auch mal bei ihrem Kind entschuldigen. Verlangen Sie nicht von sich, unfehlbar und unangreifbar zu sein. Behaupten Sie das erst recht nicht vor Ihren Kindern. Erzählen Sie Ihrem Sohn bloß nicht, Sie hätten immer gute Zensuren gehabt oder nie einen Tadel gekriegt. Ich wette, dem Bengel gelingt es, Ihnen das Gegenteil zu beweisen. Jetzt gerade!

Der Leitstern einer Person oder eines Zeitalters führt scheinbar unwandelbar durchs Leben. Ersetzen wir doch den Fixstern durch einen wandelnden Planeten, der aber immerhin seine feste Bahn einhält.

Machen Sie sich transparent

Wichtig ist, dass Eltern ihren Kindern die Motive ihres Handelns erklären, sobald jene in der Lage sind, das zu verstehen. »Weil ich es dir sage« ist jedenfalls keine hinreichende Begründung, wenn Sie von einem Kind etwas verlangen. Nehmen wir an, Sie erwarten, dass Ihr Sohn immer anruft, wenn er mal nicht zur verabredeten Zeit nach Hause kommt. »Ich mache mir sonst Sorgen, du könntest dich verfahren haben, du könntest einen Unfall gehabt haben« – das leuchtet auch Kindern im Allgemeinen ein. Wird eine solche Forderung ohne Begründung gestellt, wirkt sie leicht wie eine sinnlose Fessel, die man gern abstreifen möchte.

Sicher, Begründungen liefern dem diskutierfreudigen Nachwuchs immer auch Angriffspunkte für längere Dispute. »Was soll mir denn passieren?«, »Wieso soll ich mich denn verfahren?« Da müssen wir durch. Einfacher ist es allerdings, sich nicht in die Karten gucken zu lassen.

In einer Demokratie ist es üblich, dass die Politiker ihre Entscheidungen begründen und offen legen, sich der Kritik derer stellen müssen, die sie gewählt haben. Auch wir sollten uns, wenn wir etwas begründen, der Diskussion und der Kritik stellen. Das ist zwar manchmal hart, weil Kinder nicht zimperlich sind, aber lohnend! Je mehr die Kinder üben dürfen und dabei erfahren, dass sie ernst genommen werden, umso besser werden sie in ihren Fähigkeiten.

Wie man in den Wald hineinruft …

Gute, entgegenkommende Umgangsformen erwarten und weitergeben; das aufmerksame Feingefühl macht das Zusammenleben realisierbar und wünschenswert. Ein schroffes Verhalten in Niedertracht macht es denkbar, aber kaum durchführbar.

Eines unserer wichtigsten Erziehungsziele ist es, dass Kinder lernen sollen, mit anderen Menschen achtungs- und rücksichtsvoll, freundlich und höflich umzugehen. Das erreichen wir nicht, indem wir ihnen diese Tugenden immer wieder predigen, sondern indem wir sie am eigenen Leibe erfahren lassen, wie angenehm es ist, wenn mit einem selbst so umgegangen wird.

- Sind wir immer höflich zu Kindern?
- Entschuldigen wir uns, wenn wir mit einem Kind zusammenstoßen, genau so selbstverständlich, als wäre es ein Erwachsener? Sagen wir nicht leichter: »Pass doch auf!«?
- Lassen wir Kinder so selbstverständlich ausreden wie Erwachsene?
- Schütten wir sie vorschnell mit unseren Belehrungen zu?

Erwachsene erwarten, dass sie von Kindern gegrüßt werden. Das sehen die Benimmregeln so vor. Wir versuchen ja auch, sie unseren Kindern beizubringen, damit sie manche Klippen im Leben leichter umschiffen. Aber was soll's? Ich treffe unvermutet den Freund oder die Freundin meines Kindes und freue mich darüber. Also strahle ich das Kind freundlich an und grüße als Erste(r). Ich habe noch kein Kind erlebt, das nicht ebenso freundlich zurückgegrüßt hätte.

■ Höfliche Rabauken

Wenn ich unterwegs bin und Auskunft brauche, frage ich bevorzugt Kinder, vor allem Kinder, bei denen ich nicht so ganz sicher

Selbstbewusste Kinder sind allem Neuen aufgeschlossen. Sie zeigen keine Scheu.

bin, wie sie reagieren werden. Schon mehrfach hat mich einer, den ich nur nach dem Weg gefragt habe, gleich ein Stück weit gelotst und begleitet, aber noch nie habe ich eine freche Antwort bekommen. Achtung und Freundlichkeit sind ansteckend!

Die Freude, ein guter Kerl, ein braves Mädchen zu sein, muss man dem Kind gestatten. Gerade als soziales Wesen lässt es sich selbstbewusst leben, da es nicht notwendig ist, nach Aufmerksamkeit zu heischen.

Kinder brauchen Anerkennung

Kinder sind soziale Wesen. Sie sind auf die Gemeinschaft angewiesen und haben das Bedürfnis, dazuzugehören. Schon früh versuchen sie, die Regeln zu begreifen und einzuhalten. Sie tragen Abfall in den Mülleimer, und stellen die Schuhe in den Flur. Und wehe, es kommt einer und wagt es, diese Regeln nicht einzuhalten. Dem zeigen sie ärgerlich, wie es »richtig« ist.

Anerkennung schafft Selbstvertrauen

Kinder brauchen die Sicherheit, dass sie selbst sich den Regeln gemäß verhalten, also eingebunden und »in Ordnung« sind. Sie möchten stolz sein auf das, was sie »richtig« machen, und sich wichtig fühlen. Wird ein Kind häufiger gescholten als freundlich anerkannt, kann es diese Sicherheit nur schwer erwerben.

Aber Kinder verhalten sich, weiß Gott, nicht immer so, dass wir erfreut und großzügig Bestätigung geben könnten. Oft genug müssen wir bremsen und Widerstand leisten. Wir müssen uns selbst und andere davor bewahren, von ihnen überrollt zu werden. Wir fühlen uns vor allem dafür verantwortlich, dass Kinder sozial verträgliche Umgangsformen annehmen.

Lieber Lob als Tadel

Lob als Triebfeder leiert kaum aus. Tadel oder gar Spott verletzen und führen allmählich zu körperlichen Gebrechen.

Es gibt zwei Möglichkeiten, das Verhalten von Kindern pädagogisch zu steuern. Wir können das Gute als selbstverständlich betrachten und uns auf das Tadeln und Bestrafen des Schlechten konzentrieren. Oder wir können das Gute loben, das Schlechte weitgehend ignorieren. Wissenschaftliche Versuche beweisen, dass das Loben sehr viel effektiver ist. Tadel entmutigt, zerstört die Lust am Probieren, oder er macht bockig und taub für Belehrungen und Argumente. Leider haben wir Eltern, ebenso wie Lehrer und andere Erziehende, fast alle die Angewohnheit, Positives als Selbstverständlichkeit anzusehen und wenig zu beachten.

■ Solange alles reibungslos läuft

Wir sind erleichtert, brauchen uns ein Weilchen nicht zu kümmern. Geht aber etwas schief, sind wir mit unserer Aufmerksamkeit sofort wieder da, greifen ein, schimpfen, tadeln, korrigieren. Viele Kinder schließen daraus, dass es wenig bringt, das zu tun, was erwartet wird. Man wird mehr beachtet, wenn man aus der Rolle fällt. Und unangenehm aufzufallen ist manchem dann doch lieber als gar nicht.

Erwachsene beißen sich auch an lästigen Kinderfehlern oft geradezu fest.

- Ständig macht der Bengel in die Hosen.
- Unausgesetzt zanken sie sich.
- In einer Tour heult und quengelt sie.

Wirklich ständig, unausgesetzt, in einer Tour? Was macht so ein Kind noch? Und wie lange? Was macht es gut? Was tut es Erfreuliches? Es hilft Eltern, die so einen Eindruck haben, oft schon sehr, wenn sie mal ein Tagebuch führen, um die Gewichtungen, die sich da in ihrem Kopf festgesetzt haben, zu korrigieren. Sie sehen, dass bei allem Ärger über eine Sache das Kind doch viel häufiger »Normales« und Erfreuliches tut. Und wenn Eltern das erst mal erkannt haben, sollen sie es auch ausdrücken.

Statt des ständigen Gemeckers über das Negative

Verteilen Sie mehr Lob und Aufmerksamkeit für das, was gut läuft. Und das Negative, das Unangenehme lieber wenig oder gar nicht beachten, weil Meckern sowieso nicht viel hilft.

Den Mut, das Selbstvertrauen behalten und auch in schwierigen Situationen Entschlusskraft zeigen, das lernen Kinder durch ermunternde Worte und gerechte, aber eher positive Beurteilung.

Wenn Sie den Eindruck haben, dass Ihre Kinder sich ständig zanken, reagieren Sie erfreut, wenn sie friedlich zusammen spielen, sich abwechseln, etwas miteinander teilen, wenn eines dem anderen was abgibt. Und ignorieren Sie möglichst die Streiterei. Sie wird seltener werden, wenn Sie die Kinder in ihrem erfreulichen Verhalten so bestätigen.

Häufiges Tadeln oder Strafen lässt auch in Kindern den Eindruck entstehen, dass sie nicht gut, sondern vorwiegend schlecht, böse, ungezogen sind. Und das beschädigt ihr Selbstwertgefühl. Entweder sie richten sich in ihrem Selbstbild mit dieser Rolle ein, nach dem Motto: Wenn ich schon böse bin, dann gründlich!, oder sie werden verzagt und zweifeln an sich selbst und an der Zuneigung der Eltern.

Lieber Freude am Erfolg

Aber ständiges Loben ist auch nicht das Gelbe vom Ei. Wenn ein Kind mit einer Sache, um die es sich bemüht hat, erfolgreich ist, dann braucht es kein Lob, dann ist ihm dieser Erfolg im Grunde Ansporn genug.

Das Vierjährige hat sein Dreirad über einen Baumstamm gezerrt. Das Dreirad ist drüben, das Kind kann weiterfahren. Da braucht es keine Mama, die ihm noch wortreich bestätigt, wie fein es das gemacht habe. Das sieht das Kind selbst. Wenn wir da immer noch einen draufsetzen, machen wir Kinder von unseren ständigen Kommentaren abhängig, zerstören wir diese Bereitschaft, eine Sache um ihrer selbst willen zu tun. Lob ist eine Anerkennung für eine besondere Leistung und für Kinder, die Schwierigkeiten in manchen Bereichen haben, ein unerlässlicher Ansporn.

Loben hat auch Nachteile

Kinder, die an ständiges Gelobtwerden gewöhnt sind, strengen sich nicht mehr an, um etwas zu schaffen, sondern um von den Erwachsenen gelobt zu werden. Bleibt das Lob aus, weil andere, zum Beispiel die Erzieherinnen im Kindergarten, die ständige Loberei nicht mitmachen, empfindet das Kind das als Entmutigung. Es fühlt sich missachtet, wird verzagt und traurig. In dieser Gefahr sind besonders Einzelkinder, die zu Hause wie ein kleiner Star behandelt werden, im Kindergarten aber eines unter vielen sind.

Lob darf auch nicht kritiklos ausgegossen werden wie ein warmer Sommerregen. Da schiebt ein Kind seinem Zeitung lesenden Papa eine eben flüchtig hingehuschte Zeichnung unter die Nase.

Kinder sind Kunstschaffende ohne Formvollendung.

»Guck mal Papa, was ich gemalt habe«. »Fein hast du das gemacht«, sagt Papa, »mal schön weiter«. Kind gelobt, Pflicht erfüllt, Fall erledigt, oder?

Sicher wäre dem Kind die interessante Nachfrage: »Ach, was ist denn das?« lieber gewesen als mit so einer Floskel abgespeist zu werden. Die sagte im Grunde nur: »Was du da machst, interessiert mich nicht besonders«. Lebendiges Interesse ist wichtiger als oberflächliches Lob.

Aber vielleicht hat der Vater im Moment wirklich kein Interesse an kindlichen Malereien, möchte wirklich gern jetzt seine Zeitung zu Ende lesen. Dann soll er das lieber ehrlich sagen: »Lass mich jetzt bitte weiter lesen. Wenn ich fertig bin, gucken wir uns zusammen an, was du gemalt hast«.

Bestätigung in der Schule

Die Bedenken gegen das Loben sprechen auch gegen die Zensurengebung in der Schule, erst recht gegen Geld für gute Noten. Das Schulkind hat eine Rechenaufgabe gelöst, die Aufgabe geht auf, das Ergebnis stimmt. Da braucht es keine gute Zensur mehr, die ihm den Erfolg bestätigt, und schon gar kein Geldstück von Oma für die gute Zensur. Ältere Schulkinder, denen man eine knifflige Aufgabe stellt, versuchen sich daran leider nur noch selten aus Spaß an der Herausforderung. Die meisten fragen als erstes: Kriegen wir dafür eine gute Zensur?

Einerseits blockieren schlechte Zensuren, aber andererseits fühlen sich viele Kinder durch die Notenvergabe angespornt, weil sie wissen wollen, wo sie innerhalb der Klassengemeinschaft stehen. Das Lob muss deswegen differenziert ausfallen.

In der Schule müssen sich Kinder oft lange mühen, bevor sie mit einer Sache sichtbaren Erfolg haben. Dann ist Ermutigung besonders wichtig. Da quält sich eines verbissen mit den Spitzfindigkeiten der deutschen Rechtschreibung, die Fehlerzahl nimmt deutlich ab, ist aber noch immer enorm – jedes Diktat eine Sechs. Hier ist ein bestätigendes Lob dringend angebracht, schon um die entmutigende Zensur auszugleichen. »Fein Jakob, du hast schon viel mehr Wörter richtig geschrieben als beim letzten Mal. Wenn du weiter so fleißig übst, wirst du die anderen bald einholen«. Ohne diesen wach haltenden Kommentar würde Jakob sicher bald resignieren.

Kess, gefühlssicher, neugierig

Sie hat es geschafft – selbst angezogen, alles gepackt, wann geht's zum Kindergarten?

Kleine Kinder sind stolz, wenn sie etwas selbst können, wozu sie vorher Hilfe brauchten – sich am Morgen anziehen zum Beispiel oder allein auf die Toilette gehen. So etwas geht zu Anfang oft mühsam, umständlich und fehlerhaft vonstatten. Und gerade, wenn die Zeit drängt, ist die Versuchung für die Eltern groß, es doch lieber schnell selbst zu machen. Bitte widerstehen Sie dieser Versuchung so oft wie nur möglich. Kommen Sie lieber mal ein bisschen zu spät ins Büro, weil Sie gewartet haben, bis der Jüngste die Schnürsenkel selbst gebunden hat.

Kinder müssen probieren

Das Selbstvertrauen des Kindes wächst an Aufgaben, die es allein bewältigen kann. Heute sind es die Strumpfhosen, in die es sich zeitraubend selbst hineinfummelt, morgen sind es die Hausaufgaben, die es ohne unsere Hilfe erledigt, übermorgen ist es die selbstständige Beurteilung einer Situation, in der es handeln muss, ohne vorher Mama oder Papa fragen zu können, was »richtig« ist. Unterstützen wir unser Kind nach Kräften in seinen Bemühungen um Selbstständigkeit. Alles, was es alleine zu Wege bringt, stärkt sein Selbstbewusstsein und verschafft uns als Eltern zunehmend spürbare Entlastung.

Das kann ich alleine!

Es wirkt entmutigend, einem Kind, das noch probiert, ständig zu sagen, wie es »richtig« ist. Der Pullover ist nicht richtig angezogen, das neue Wort nicht richtig ausgesprochen, der dreibeinige Hund nicht richtig gemalt. Da soll man nicht den Mut verlieren, wenn man ständig an einem Optimum gemessen wird, das man noch nicht erreicht hat! Viel wichtiger und ermutigender ist es, dem Kind zu sagen, dass es auf dem richtigen Weg ist. Der Pullover ist angezogen, der Rest klappt später. Das neue Wort ist richtig verstanden worden – wie schön! Und der Hund ist ein Hund, auch mit drei Beinen.

Was heißt hier überhaupt »richtig«? Ist ein gebautes Haus nicht richtig, wenn es nicht so aussieht wie die meisten anderen Häuser? Und Hundertwasser? Was wäre aus Salvador Dali geworden, wenn ihm ständig jemand gesagt hätte, dass Uhren nicht zerlaufen, dass Elefanten nicht so lange, dünne Beine haben können?

■ Auch Kinder sind Künstler

Sie experimentieren mit der Sprache, mit dem Malstift, mit ihrer Fantasie. Und wir stehen mit unserem knochentrockenen Realismus daneben und bewerten das. Lassen wir uns doch lieber verzaubern und entführen in ein Land, in dem alles möglich und nichts verkehrt ist. Wo es sich wohl oder übel der Realität anpassen muss, das lernt das Kind schon mit der Zeit.

Eine erprobte Methode bei Malern: Sie kramen nach ihren frühesten Kinderzeichnungen und setzen diese um. Vielleicht in technisch versierter Form, aber nahe am Original.

Dazu bist du noch zu klein

Dieser Satz, gebraucht, um ein Kind an irgend etwas zu hindern, was es gern probieren möchte, ärgert die meisten ungemein. Und er ist auch nur selten gerechtfertigt.

➤ Wer zu klein ist, um ein Schrankfach zu erreichen, kann auf einen Stuhl steigen.

➤ Wer nicht genug Kraft hat, den Kuchenteig zu rühren, der kann es doch auf jeden Fall probieren und das selbst feststellen. Das ärgert weniger.

Bei den wenigen Dingen, die Sie wirklich noch verbieten müssen, können Sie eine Perspektive für die Zukunft angeben, an der das Kind sich orientieren kann: »Über die Straße darfst du erst allein gehen, wenn du in die Schule kommst. Vorher müssen wir das noch oft zusammen üben.«

Der Satz: »Dazu bist du noch zu klein« oder auch: »Das ist noch nichts für dich« ärgert deshalb so sehr, weil er herablassend ist. Ich kann das und du nicht. Ich weiß, was gut für dich ist, du nicht. Dagegen rebellieren Kinder mit Recht.

Kinder trauen sich selbst oft mehr zu als die Erwachsenen. Aber mal ehrlich – müssen sie selbst nicht recht gut wissen, was sie sich schon zutrauen können und was nicht? Vergessen wir Großen nicht manchmal, unsere Maßstäbe dem zunehmenden Alter, der zunehmenden Erfahrung unserer Sprösslinge anzupassen? Handeln wir vielleicht manchmal in dem unbewussten Wunsch, sie mögen doch noch ein Weilchen klein und anhängig bleiben und nicht so beängstigend schnell unabhängig werden?

Viele Jahre verantwortlich

Bis dato wagemutige Erwachsene werden als Eltern oft zu Glucken. Überängstliche geben ihre Ängste an die Kinder weiter, überschwemmen sie damit.

Sicher ist es unsere Pflicht zu verhindern, dass Kinder bei ihren Bemühungen um Selbstständigkeit Schaden nehmen. Das darf aber nicht dazu führen, dass wir sie sicherheitshalber an der ganz kurzen Leine halten. Jedes erste Probieren ist ein bisschen riskant – wenn der Vierjährige mit dem scharfen Messer Gemüse schneiden darf, wenn die Sechsjährige allein mit dem Bus zum Training fährt. Aber wie stolz werden beide sein, wenn sie es geschafft haben. Sicher werden wir die Risiken sorgfältig abwägen. Aber ganz ohne Herzklopfen kann man ein Kind nicht großziehen.

Hilfe zur Selbsthilfe

Es liegt so nahe, einem Kind, das sich mit einer Sache abmüht, zu helfen, damit es besser zurechtkommt. Das drückt Fürsorge und Zuneigung aus. Aber schon kleine Kinder wehren diese Hilfe oft ärgerlich ab – sie wollen es allein schaffen. Dann sollen sie es probieren! Wenn es doch nicht geht, werden sie uns um Hilfe bitten. Aber auch die kann so dosiert sein, dass sie gerade die eine unüberwindbare Schwierigkeit beseitigt, aber noch viel Raum lässt, allein weiterzukommen. Hilfe zur Selbsthilfe nennt man das, oder, wie es Maria Montessori ausdrückte: »Hilf mir, es selbst zu tun«. Die Zweijährige mit den zu kurzen Beinchen braucht einen Hocker vor dem Waschbecken, dann kann sie sich die Hände auch allein waschen. Der Achtjährige, der die Matheaufgaben nicht kapiert hat, braucht nur ein Stichwort zum richtigen Malnehmen, dann kommt er allein drauf, wie es geht. Gerade das Nötige sollten wir als Hilfe anbieten, mehr nicht. Sonst könnte das Kind glauben, ohne diese Hilfe sei es aufgeschmissen.

■ Schau und dann spring!

Kleine Kinder trauen sich zunächst so viel oder so wenig zu, wie wir Eltern ihnen zutrauen. Danach aber wird die Sache zum Selbstläufer. Je mehr sie sich zutrauen, desto mehr Erfolg werden sie haben, der sie dann zum Weitermachen ermutigt.

So entwickeln sie ein solides Selbstvertrauen

Nur aus eigenen Erfahrungen kann man lernen. Manchmal glauben wir vorher zu wissen, was passieren kann, und davor möchten wir das Kind bewahren. »Pass auf, du fällst da runter!« warnen wir den Dreijährigen, der ins Klettergerüst steigt. Der wird unsicher, weiß nicht recht, ob er weitermachen oder zurückklettern soll – und fällt wirklich. Unsere Unsicherheit hat auch das Kind unsicher gemacht. Halten wir uns doch lieber unauffällig in Bereitschaft, um einen ernsthaften Sturz notfalls abfangen zu können. Meistens wird das nicht nötig sein. Wir müssen auch nicht jeden Plumps liebevoll auffangen, der gehört zum Lernprogramm. Kinder lernen nicht aus den Warnungen der Erwachsenen, sondern aus den eigenen Erfahrungen.

Auch zu große Aufmerksamkeit ist ein Verwöhnen. Selbst »Pass auf, du fällst da runter!« verkneift man sich besser. Dadurch wird das Runterfallen nur wahrscheinlich.

Kinder lernen aus ihren Fehlern

Irrtümer und Verfehlungen müssen Kinder im Rahmen des Zumutbaren auch selbst ausbaden.

➤ Wer mehrmals in wenigen Wochen seine Handschuhe verbummelt, muss für den Rest des Winters mit den alten von Papa auskommen.

➤ Wer regelmäßig erst morgens auf die Suche nach Turnschuhen und Buntpapier geht, verpasst den Schulbus und kommt zu spät.

Kleinmütig, schüchtern und unsicher, Abnabelung ist wichtig.

Eltern, die immer alles abfedern und ausbügeln, lassen womöglich den Trugschluss aufkommen, es sei ihr Problem, ob Tochter oder Sohnemann die Turnschuhe findet und pünktlich zur Schule kommt. Die Kinder werden vielleicht noch lange andere für die eigenen Fehler verantwortlich machen. Wer seinen Kindern alles abnimmt, für sie handelt, für sie denkt, ihnen alle Steine aus dem Weg räumt, zeigt im Grunde wenig Achtung für ihre Fähigkeit, etwas selbst zu tun. Und auch das wird, wie die positive Variante, zum Selbstläufer.

Je weniger die Kinder sich zutrauen, je weniger sie wagen, desto weniger Erfolgserlebnisse werden sie haben, desto weniger werden sie sich zutrauen, und so fort. Am einfachsten und sichersten ist es schließlich, lieber andere machen zu lassen und hilfsbedürftig zu bleiben. Aber was ist das für eine Perspektive!

Den Schulweg allein zu bewältigen ist eine der ersten Herausforderungen.

Herausforderungen statt Handlangerdienste

Kleine Kinder sind stolz, wenn sie eine Aufgabe übernehmen dürfen – beim Tischdecken, beim Ausräumen der Spülmaschine helfen, etwas holen oder wegbringen. Später, wenn die Eltern solche Hilfestellungen erwarten und einplanen, wollen die meisten dann nicht mehr. Kann das daran liegen, dass wir es eben erwarten, dass wir meckern, wenn es nicht geschieht, uns aber zu selten erfreut zeigen, wenn sie es tun?

Ältere Kinder sind auch nicht mehr damit zufrieden, untergeordnete Handlangerdienste zu leisten. Immer nur den Mülleimer runtertragen, das langweilt. Sie wollen echte Herausforderungen. Statt nur Kartoffeln zu holen, lieber mal selbst ein Essen kochen, auch wenn das die ersten Male etwas absonderlich schmeckt. Statt nur das Regal auszuräumen, damit Vater es streichen kann, lieber mal das Regal selber streichen, auch wenn das Ergebnis nicht so perfekt ist – so etwas ändert sich nur durch Üben.

Sicher, auch die langweiligen und unattraktiven Dinge müssen getan werden. Am besten verhandeln Sie gemeinsam mit den Kindern, wer was übernehmen kann und will. Wenn Kinder Aufgaben nicht einfach zugeschoben kriegen, sondern mitplanen und -entscheiden, fällt es ihnen leichter, sich an das Beschlossene auch zu halten.

Neugier macht klug

Kinder wollen alles ganz genau wissen. Sie fragen den Erwachsenen Löcher in den Bauch, sie nehmen ihr Spielzeug auseinander, um festzustellen, wie es funktioniert. Sie stecken ihre Nase in jeden Dreck, um ihn genauer zu untersuchen. So müssen sie sein, das müssen sie tun, damit sie klug, erfahren und kreativ werden können.

Der lebhafte, ja brennende Wunsch eines Kindes, in neue Bereiche einzudringen, lockt vorwärts und sollte zumindest schwer zu zügeln sein. Stacheln Sie die Neugierde eher an, als sie zu zügeln.

»Oma, wann stirbst du?« – Das hört sich in unseren Ohren erschreckend rücksichtslos an. Aber was weiß eine Vierjährige davon? Für sie ist das eine dringende Frage, logische Synthese aus zwei Informationen, die wir Kindern geben: »Alte Leute sterben« und »Oma ist alt«. Antworten wir mit einem erschrockenen »Halt den Mund!«, weiß das Kind zwar immer noch nicht, warum, aber es lernt, wenn das oft vorkommt, dass man nach bestimmten Themen lieber nicht fragt, dass »den Mund halten« vor manchem Ärger bewahren kann. Und so gibt es dann ganze Tabuzonen, über die nicht gesprochen wird. Dazu gehören zum Beispiel auch die Sexualität oder die Streitereien und Zerwürfnisse der Erwachsenen. Doch solche unbeantworteten Fragen schwären oft im Untergrund, machen Angst, werden verdrängt, entziehen sich schließlich dem kritischen Bewusstsein. Kinder müssen fragen, und Erwachsene müssen ihnen klare, ehrliche Antworten geben, auch wenn das manchmal schwierig ist, auch wenn das nicht immer die ganze Wahrheit sein kann.

Kindlichem Forscherdrang fällt einiges zum Opfer

Im Laufe der Jahre bahnen sich Kinder einen Erlebnis-Parcours durch ihre Umgebung.

- Der Einjährige pult die Tapeten von den Wänden und freut sich, wenn er schöne große Stücke abziehen kann.
- Die Vierjährige schlitzt den Teddy auf, weil sie wissen will, was drin ist, und beerdigt den leeren Sack dann im Garten.
- Der Zehnjährige kriegt den Walkman, den er auseinandergenommen hat, nicht mehr zusammen.

Einem Krabbelkind legt man natürlich keine Glasplatte vor die Nase, aber eine Hand voll Erde kann es ruhig einmal naschen. »Mach nichts kaputt, zerbrich nichts« hindert zwar am Weitermachen, aber nur momentan. Kinder, die viel dürfen, zerbrechen wenig.

Einiges davon werden wir hinnehmen, anderes werden wir zu verhindern suchen. Aber zu häufiges »Lass das!« oder gar der Klaps auf die forscherfreudig-zerstörerischen Finger bremst den kindlichen Unternehmungsgeist, der in späteren Jahren wieder sehr gefragt sein wird. Wer vor jeder Neuerung Angst hat, weil ja was Negatives daraus entstehen könnte, hat vielleicht als Kind nicht genug pulen dürfen. Aufs Tapetenabziehen und ähnliche für Eltern unerfreuliche Unternehmungen können Kinder leichter verzichten, wenn sie viele andere Gelegenheiten haben, sich kreativ zu betätigen.

Neugier macht schmutzige Hände

Weil Kinder alles anfassen, alles be-greifen müssen, was sie begreifen wollen, werden sie leicht zu Dreckspatzen. Die Knie und der Hosenboden kriegen schnell was ab, wenn man sich durchwursteln, wo reinkriechen, druntergucken oder sonstwie nachforschen muss. Ein Kind immer sauber zu halten, ist eine völlig unnütze Sisyphus-Aufgabe. Ein Kind, das immer sauber ist, sollte zu Bedenken Anlass geben. Niemand findet etwas dabei, wenn ein Handwerker im verschmierten Overall in den Supermarkt kommt, um sich was zum Frühstück zu kaufen. Kinder sind auch Handwerker und immer »auf Arbeit«.

Problematische Tests

Wer neugierig ist, probiert auch leichter mal Sachen aus, von denen die Eltern die Tochter oder den Sohn lieber fern halten möchten. In der Pubertät gewinnen Unternehmungen, gegen die die Eltern was haben, schon gerade deswegen einen besonderen Reiz. Viele Jugendliche wollen auch Rauschmittel – Haschisch, Ecstasy, Alkohol ausprobieren – sie wollen mitreden können. Das gelegentliche Ausprobieren aus Neugier ist keine Katastrophe. Seelisch starke Kinder können es dann auch freiwillig wieder lassen. Und das ist ein sehr viel zuverlässigerer Weg als der Versuch der totalen Kontrolle. Denn der wird scheitern. Auf jeden Fall sollten Sie immer zu einem Gespräch mit Ihrem Kind bereit sein.

Naseweise und Klugscheißer

Kinder wollen nicht nur alles wissen, sie glauben vieles auch besser zu wissen als die Erwachsenen. Das kann lästig werden. Aber manchmal ist es wahr!

Kinder haben ein sehr feines Gespür für Emotionen, die zum Beispiel in Gesprächen mitschwingen. Sie begreifen viel, auch wenn sie nicht alle Worte verstehen. Und das spießen sie dann scharfsinnig und manchmal verletzend auf. Da reden zum Beispiel die Eltern über die neuesten Eskapaden einer Verwandten. Damit die in ihrer Ecke spielende Fünfjährige das nicht so mitbekommt, reden sie extra verklausuliert, mit vielen englischen Sprachbrocken. Und dann der trockene Kommentar aus der Spielecke: »Ich finde die Luzy auch doof.«

Kindermund tut Wahrheit kund. Das Sprichwort enthält den Trost, dass Ehrlichkeit zu den Grundeigenschaften des Menschen gehört.

Das Märchen von des Kaisers neuen Kleidern

Da wird ein offensichtlicher Betrug inszeniert, und keiner der Erwachsenen wagt es, dazu etwas zu sagen. Ein Kind, naseweis, neugierig, unbelastet von den Hintergedanken der Großen lässt den Schwindel schließlich auffliegen. »Er hat ja gar nichts an!« Das Kind traut ganz naiv seinen Augen – das Kind hat Recht!

Ältere, etwa Zwölfjährige, denken sehr konsequent und geradeaus, sie vertreten Regeln ohne unseren Hang zu Ausnahmen oder besonderen Rücksichten. Dadurch erwischen sie uns häufig dabei, dass wir uns an die Maximen, die wir pädagogisch vertreten, oft selbst nicht halten, dass wir uns mit dem, was wir sagen, häufig selbst widersprechen. »Du hast doch aber gestern gesagt …« Und das macht uns dann besonders wütend, wenn wir merken, dass sie Recht haben, wenn wir aus dem selbstgefertigten Dilemma keinen Ausweg finden.

Eltern, die gern andere Perspektiven kennen lernen, schätzen die Sichtweise des Kleinkinds. In allen Sinnesbereichen und auch sprachlich unterrichten Kinder auf originelle Weise.

Es ist sehr anstrengend, aber es hält geistig frisch, sich solchen Auseinandersetzungen immer wieder zu stellen. Und es verhilft uns, wenn wir ehrlich sind, zu Einsichten in die Hintergründigkeiten unseres eigenen Verhaltens.

Auch wenn die Ansichten des Kindes unüberlegt oder unreif sind – es hat ein Recht auf seine eigene Sichtweise. »Komm du erst mal in mein Alter« ist jedenfalls ein sehr dürftiges Argument. Das heißt natürlich noch lange nicht, dass es immer nach den Vorstellungen des Kindes gehen muss. Manchmal darf, ja muss gestritten werden. In diesen Auseinandersetzungen lernt das Kind, seine Sichtweisen zu verfeinern und zu präzisieren.

Kinder müssen eigenwillig sein

Das Trotzalter ist die erste Übung im Verneinen. Bei den meisten Kindern ist »nein!« eines der ersten Worte, das sie klar und unmissverständlich aussprechen und auch verstehen können. Neinsagen-Können ist auch ein wichtiger Schritt in der kindlichen Entwicklung. Das etwa einjährige Kind begreift, dass es ein eigenständiges Wesen ist, dass es selbst ein Ziel verfolgen kann, das mit den Vorstellungen der anderen nicht immer vereinbar ist. Und während es noch vor Monaten mit einem »guck mal da, ein Vögelchen« leicht abzulenken war, behält es sein Ziel jetzt auch gegen solche Manöver im Kopf. Es weiß, was es will – und versucht, dies durchzusetzen.

Wünschen, wollen und zwingen

Eltern haben Grund genug, sich über das erste »Nein« herzlich zu freuen. Was allerdings dann kommt, ist vielfach nicht ganz so erfreulich. Mehrmals am Tag wirft sich so ein geübter Neinsager auf den Boden, schreit, strampelt, wütet, ist für niemanden und nichts zugänglich. Die Tatsache, dass wir Großen seinen Absichten unsere eigenen entgegensetzen, und dass wir dabei meistens die Stärkeren sind, versetzt ihn oft in ohnmächtige Wut. Stellen Sie sich mal vor, Sie wären von lauter Dreimeterriesen umgeben, die Ihre Pläne jederzeit mit wenigen Handgriffen durchkreuzen könnten, so sehr Sie sich auch abhaspeln. Würde Sie das nicht auch wütend machen?
Für das Ausmaß, das solche Trotzanfälle bei manchen Kindern annehmen, können sie nichts. Sie werden davon wirklich überwältigt wie von einem Anfall. Den Umgang mit heftigen Gefühlen müssen sie erst noch üben.

Einfühlendes Verstehen macht es uns vielleicht leichter, wutschäumende Anfälle gelassener zu ertragen, nicht selbst in Zorn zu geraten, sondern abzuwarten, bis das Kind sich beruhigt hat.

Und dass es nein sagt, dass es einen eigenen Willen entwickelt, eigene Ziele und Vorstellungen auch gegen unseren Widerstand verfolgt, das ist wichtig und notwendig, mag es in den nachfolgenden Jahren noch so lästige Formen annehmen. Wo soll es probieren, wenn nicht zu Hause?

Eigenen Willen muss man üben

Eigenwilligkeiten sind nicht nur lästige Störungen unserer eigenen Pläne, sie sind auch der Versuch des Kindes, sein Leben nach eigenen Vorstellungen zu gestalten. Und, darf es das nicht?

Alle mögen Alternativen. Selbstredend will sich keiner ein Entweder-Oder vorsetzen lassen.

Können wir nicht mancher Auseinandersetzung entgehen, wenn wir das Kind von vornherein an Entscheidungen beteiligen? »Hast du Hunger?«, »Möchtest du Blumenkohl?«, »Soll

Salami oder Käse auf dein Brot?« – diese Fragen kann Ihnen jedes Zweijährige beantworten. Und es wächst in dem Bewusstsein auf, dass es in seinen Angelegenheiten auch mitzureden hat.

Schon Babys können mit darüber entscheiden, wann sie Hunger haben, wann sie schlafen wollen – das ist uns inzwischen selbstverständlich geworden, seit wir uns vom starren Diktat der Uhr verabschiedet haben.

Zwei-, Dreijährige können mitentscheiden, was sie essen oder anziehen wollen. Wir können bitten statt anzuordnen, fragen statt zu kommandieren.

Entscheidungen übers Essen lösen sich einfacher, wenn nicht viel im Haus ist. Barfuß im Schnee, spazieren ohne Regenmantel, das sind ohnehin nur Einmal-Erfahrungen.

Sicher muss das irgendwo seine Grenze finden, zum Beispiel, wenn so ein eigenwilliges Persönchen die Salami in dem Moment nicht mehr mag, in dem wir sie ihm weisungsgemäß aufs Brot gelegt haben. Kleine Kinder haben oft Schwierigkeiten damit, dass die Entscheidung für eine Sache, hier Salami, den Verzicht auf andere, hier vielleicht Käse, bedeutet. In dem Moment, wo sie das eine haben, erscheint ihnen das andere denn doch attraktiver. Da müssen wir uns dann eben streiten. Aber es ist kein Grund, auf das Prinzip zu verzichten.

Widerworte – lästig, aber notwendig

»Ich will aber nicht«, »das finde ich doof« und vor allem »warum denn?« – wer wüsste nicht, wie nervig dieses ständige Herumnörgeln an unseren Vorstellungen und Beschlüssen werden kann. »Weil ich es dir sage, basta!« möchten wir oft antworten. Aber ist das eine Antwort? Möchten wir selbst auf eine kritische Nachfrage solche Rückpost bekommen?

Soll unser Kind auch später ohne eigenes Nachdenken ausführen, was andere ihm sagen, nur weil es im Kommandoton daherkommt? Oder soll es nicht doch lieber kritisch nachfragen »Ist das vernünftig?«, »Ist das moralisch vertretbar?« Soll es nicht auch die Courage haben, nein zu sagen, selbst wenn ihm das Nachteile bringen könnte? So etwas muss früh geübt werden, auch wenn bei den Anfängen von Vernunft oder gar Moral noch kaum die Rede sein kann.

Aber das Recht auf Widerspruch und Widerstand sollte bestehen von Anfang an. Die Tatsache an sich, dass ein Kind sich strampelnd auf den Boden wirft, dass es ständig Widerworte gibt, ist nicht strafwürdig. Ob wir freilich diesem Widerstand nachgeben müssen, steht auf einem ganz anderen Blatt (siehe auch Seite 51).

Mit Argumenten arbeiten

Es bekommt Eltern auch nicht schlecht, wenn sie durch die kritischen Nachfragen ihrer Kinder genötigt werden, ihre Absichten, Beschlüsse, Entscheidungen immer zu begründen. »Warum soll ich den blauen Pulli nicht in die Schule anziehen?« »Warum soll ich keine Jungen zum Geburtstag einladen?« Manchmal wird den Eltern beim Versuch einer Erklärung aufgehen, dass es gar keine vernünftige Erklärung gibt. Wenn allerdings alles zur Begründung gesagt ist, wenn sich die Gespräche im Kreis drehen, wenn das Fragen nur noch eine Methode ist, das Reagieren-Müssen hinauszuschieben, dann dürfen solche zermürbenden Fragerunden auch beendet werden.

Erziehung ist immer Selbsterziehung und Vorbildfunktion. Nichts kann dem Kind plausibel gemacht werden, das nicht ständig praktiziert oder vorgelebt wird.

■ Verstehen heißt, nicht immer nachgeben

Wenn eine Zweiährige einen Trotzanfall kriegt, weil ich ihr die teure Porzellanfigur nicht als Spielzeug überlassen will, dann kann ich das gut verstehen. Ein Grund, ihr das zerbrechliche Ding entsagungsvoll hinzuhalten, ist das noch lange nicht. Die Figur gehört mir, und ich möchte sie gern heil behalten. Als Spielzeug für Zweijährige ist sie einfach ungeeignet. Die Kleine hat das Recht, gegen meine Maßnahme zu protestieren, ich habe aber auch das Recht, dabeizubleiben. Da müssen wir beide dann eben durch.

Den Zwist vermeiden

Häufiges Nachgeben in Konfliktsituationen hat zur Folge, dass so ein Kind schnell lernt: Lautes Kreischen ist eine geeignete Methode, Erwachsene umzustimmen. Soll es das lernen? Ich hätte diesen Zwischenfall allerdings vermeiden können, wenn ich das zerbrechliche Ding gar nicht erst in Greifhöhe einer Zweijährigen hätte stehen lassen. Denn kleine Kinder müssen alles anfassen und untersuchen, was ihnen interessant erscheint. Nur so können sie kluge Kinder werden.

Bei trödelnden Kindern hilft Absprache. Wenn die Kindergärtnerin mitmacht, sieht das Kind, das immer zu spät kommt : Es ist bereits alles gelaufen, wenn ich bummele.

Wenn in anderen Situationen mein Wille gegen den eines Kindes stößt, respektiere ich zwar sein Recht, einen eigenen Willen zu haben und ihn auch lautstark auszudrücken. Ich bemühe mich, objektiv zu prüfen, was jetzt vielleicht möglich ist, aber immer nachgeben muss ich deshalb noch lange nicht. Will das Kind beim Weg zum Einkaufen noch ein bisschen auf den Spielplatz, kann ich beides vielleicht verbinden. Will es das auf dem Weg zu einem Arzttermin, dann geht es eben nicht.

Ein Eis mag ich ihm an einem warmen Sommertag vielleicht gern kaufen, ein zweites aber nicht. Für diesen Fall kann ich eine Regel aufstellen, die mir in Zukunft solche Auseinandersetzungen erspart: Eine Sache kaufe ich dir, wenn wir zusammen einkaufen, mehr aber nicht.

Es darf gestritten werden

Die meisten Eltern wünschen sich ein Zusammenleben in Eintracht und Harmonie. Und sie glauben, in einer guten, intakten Familie müsste das auch so sein. Ist es aber nicht. Wo Menschen so eng beieinander leben, erst recht, wenn sie einander nicht gleichgültig sind, wird es immer Reibungspunkte geben – unterschiedliche Ansichten, Gereiztheiten, Kränkungen.

In einer intakten Familie muss auch gestritten werden. Wird um eines fragwürdigen Ideals willen alles, was strittig ist, unter den Teppich gekehrt, heruntergeschluckt, verdrängt, bekommt das den Beteiligten nicht.

Auseinandersetzungen in der Pubertät

In dieser Phase gehört Streiten zum Alltag. Jugendliche machen sich auf den Weg, eine eigenständige Identität, eigene Haltungen und Ansichten zu finden. Und besonders zu Anfang hat das alles noch recht unklare Konturen, da wissen sie nur eins: Anders wollen sie leben, anders als die Eltern, die sie für spießig, altmodisch und überhaupt total ätzend halten.

Kinder können verflixt hartleibig sein bei dem Versuch, ihren Willen durchzusetzen – Eltern aber auch. Und so muss eben verhandelt und gestritten werden, bis eine Lösung gefunden ist, mit der alle leben können.

Das Machtwort als letztes Hilfsmittel

Die Basis des Zusammenlebens darf allerdings nicht sein, dass Eltern immer Recht, Kinder immer Unrecht haben. Manchmal müssen wir uns auch von langjährigen Denkgewohnheiten verabschieden und uns von unseren Kindern anregen lassen, eine Sache mit ganz anderen Augen anzusehen.

Eltern haben aber Macht über ihre Kinder, das ist nun mal so. Das können auch die größten Bemühungen um eine partnerschaftliche Erziehung nicht ganz aus der Welt schaffen.

Hin und wieder werden sie diese Macht auch gebrauchen müssen, vor allem da, wo sie die Verantwortung dafür tragen, das Kind vor Schaden zu bewahren. Sie werden ein Kind zum Arzt bringen müssen, auch wenn es sich mit Händen und Füßen dagegen wehrt, sie werden einer Vierzehnjährigen verbieten müssen, mit anderen Jugendlichen durch Nordafrika zu trampen. Aber sie sollten das so selten wie nur möglich tun. Denn das Ausspielen von Macht weckt selten Einsicht. Es reizt zu Trotz und unkritischem Widerstand. Nur wenn es die seltene Ausnahme ist, sind Kinder bereit zu akzeptieren, dass die Alten wohl doch Recht haben.

Das Kind , dem es gelungen ist, seinen Opa zu überzeugen, dass die Apfelbäume nicht gefällt werden müssen, kann später ein segensreicher Umweltschützer sein.

■ Keine handgreifliche Gewalt

Kindern bringen wir schon frühzeitig bei, dass sie Schwächere nicht schlagen sollen. Dürfen dann Eltern ihre Kinder schlagen? Kaum einer versucht noch, die Tracht Prügel zu rechtfertigen. Das ist hoffentlich vorbei. Aber so einen ordentlichen Klaps auf den Po, eine Kopfnuss, eine Ohrfeige, darauf glauben viele doch nicht verzichten zu können. Es gibt aber keinen grundsätzlichen Unterschied zwischen Prügeln, die körperlich schaden und Ohr-

Liebe als Existenzminimum

Kinder sind von unserer liebevollen Zuwendung existenziell abhängig. Das dürfen wir nicht erpresserisch ausnutzen. Diese Zuwendung schulden wir ihnen, selbst wenn sie sich noch so unmöglich benehmen. Kinder dürfen ruhig merken, dass wir wütend werden, wenn sie uns mutwillig reizen, dass wir traurig werden, wenn sie uns kränken. Diese Folgen ihres Handelns müssen sie kennen lernen, woran sollten sie sich sonst orientieren? Aber das muss immer reparabel sein – nach einem klärenden Streit, nach einer Wiedergutmachung, einer Umarmung ist alles wieder gut. Bei allem, was Kinder anstellen, sollten sie doch immer sicher sein dürfen, dass wir sie lieb haben, auch mit ihren Fehlern. Das ist eine Grundgewissheit, die kein Kind entbehren kann, ohne seelisch Schaden zu nehmen.

feigen, die gewissermaßen symbolisch wirken sollen. Jeder Schlag gegen ein Kind ist ein Angriff auf seine Würde und beschädigt sein Selbstwertgefühl. Die Würde des Menschen aber ist unantastbar – das gilt auch und erst recht für Kinder, denn sie sind besonders empfindsam.

■ Eltern, die nicht schlagen wollen

Sie suchen nach anderen Möglichkeiten, um sich bei den Kindern durchzusetzen. Sie suchen nach feineren, trotzdem wirksamen Methoden. »Wenn du nicht gehorchst, will ich dich gar nicht mehr sehen«, oder, noch schärfer: »Wenn du immer so ungezogen bist, habe ich dich nicht mehr lieb«. Finden Sie, dass das weniger gewalttätig ist als anschnauzen und auf den Tisch hauen?

Frühe Erlebnisse können einem ewig nachhängen. Bedenken Sie das beim Umgang mit Ihren Kindern.

Ein Lob dem Eigensinn

Tina ist so eigensinnig. Immer hat sie ihren eigenen Kopf.

Tina ist fünf. Sie soll ihre Kleidungsstücke aufräumen, die auf dem Fußboden verstreut liegen, hat die Mama gesagt. Tina findet den Rock, die Strumpfhose – die gehört unter den Rock, der Pulli drüber. Noch ein paar Socken aus dem Schrank, den Schal, die Mütze, die Handschuhe? Als Mama wieder ins Zimmer kommt, hat Tina eine lustige Figur auf dem Fußboden drapiert. Mama muss lachen. Tina hat Ordnung gemacht, wenn auch nicht so, wie Mama sich das vorgestellt hat: ihre Ordnung.

Schöpferisch unkonventionell

Tina ist elf. Sie ist ein As in Mathematik. Allerdings bringt sie ihren Lehrer manchmal in Verlegenheit, weil sie andere Lösungswege probiert als die, die im Buch stehen. Oft verrennt sie sich dabei, aber manchmal sind ihre Ideen verblüffend gut. Der Lehrer hat seine Last und seine Freude mit dem eigenwilligen Mädchen.

Mit guten Ergebnissen lässt sich leicht unkonventionell sein. Wenn es allerdings mit dem Gelingen hapert, besteht der Auftrag, auf solides Vorwissen zurückzugreifen.

Tina ist dreißig. Sie ist in einer Designer-Firma, die Entwürfe für große Firmen macht, schnell in eine leitende Position aufgestiegen, weil sie so ungewöhnliche, eigenwillige Ideen hat und sie mit viel Selbstbewusstsein, Organisationstalent und kaufmännischem Geschick umsetzen kann.

Was wäre aus Tina geworden, wenn man ihre Eigenwilligkeiten früh gebremst hätte?

Den Umgang mit Gefühlen lernen

Junge Menschen, die eine problematische Entwicklung nehmen, fallen oft durch besondere emotionale Unsicherheit auf. Jugendliche, die süchtig werden, die schwere Essstörungen bekommen, finden sich in den eigenen Gefühlen nicht zurecht, wissen nicht damit umzugehen. Kinder, die durch besondere Aggressivität zu Außenseitern werden, deuten emotionale Signale anderer vielfach falsch und reagieren entsprechend unangemessen. Übermächtige Ängste, lähmende Depressionen, Jähzorn, nicht steuerbare heftige Gefühle sind oft die Ursache für seelisches Elend.

Auch viele körperliche Erkrankungen können durch Dauerstress und unbewältigte Emotionen ausgelöst werden.

Gefühl und Verstand, zwei Seelen in einer Brust

Emotionale Intelligenz äußert sich weit vielfältiger, als sich mit den herkömmlichen Sinn- und Zahlenreihen aus Eignungstests darstellen lässt. Heutige Arbeitgeber jedenfalls schätzen Teamfähigkeit hoch ein.

In den vergangenen Jahrzehnten ist viel darüber geschrieben worden, wie die Intelligenz gepflegt und gefördert werden kann. Die Gefühle waren eher Stiefkind, Sand im Getriebe, etwas, das den »vernünftigen« Umgang mit einer Sache eher störte.

Inzwischen mehren sich Untersuchungsergebnisse, die zeigen, dass unser Denken und Handeln viel stärker von Emotionen beeinflusst wird, als wir bislang glaubten, und das durchaus nicht nur in Form von Behinderung.

Oft warnt uns ein Gefühl vor einer Gefahr, noch ehe der kritische Verstand sie recht erfassen kann, zum Beispiel, wenn wir einen Menschen spontan nicht mögen. Ein Handeln »aus dem Bauch« kann manchmal durchaus sinnvoll und angemessen sein, zum Beispiel, wenn wir intuitiv das Verhalten eines anderen verstehen und darauf reagieren.

Emotionen, Gefühle, Stimmungen

Diese Regungen sind nicht etwas, das uns unbeeinflussbar überfällt, auch für sie spielen Erfahrung und Lernen eine große Rolle. Deshalb ist es sinnvoll und erfolgreich, die emotionale Beeinflussung unseres Handelns nicht einfach hilflos geschehen zu lassen, sondern das Erkennen und den Umgang mit Gefühlen bewusst zu lernen und auch bei unseren Kindern zu fördern. Dabei ist gekonnter Umgang mit Gefühlen etwas anderes als Verdrängen. Wir müssen lernen, unsere Gefühle als Teil unserer selbst anzunehmen, sie zu betrachten und kennenzulernen. Was emotional unter der Oberfläche gärt, nimmt großen Einfluss auf unser Handeln, ohne dass wir es kontrollieren könnten. Erst was ins Bewusstsein gedrungen ist, kann bearbeitet werden.

Es geht auch nicht darum, seine Gefühle zu beherrschen. Beim Beherrschen ist immer einer der Unterlegene, der Recht- und Einflusslose. Es geht vielmehr darum, Gefühl und Verstand miteinander in Einklang zu bringen, Gleichgewicht und Ausgewogenheit zwischen ihnen herzustellen.

Umgekehrt warnt uns der kritische Verstand davor, in der Rage eines heftigen Gefühls unangemessen zu handeln, zum Beispiel, wenn wir sehr wütend sind und Lust hätten, alles kurz und klein zu schlagen.

Gefühle bestimmen das Miteinander

Wer mit anderen gut auskommen will, ist in sehr hohem Maße auf sein Gefühl angewiesen. Er muss sich in die anderen hineinversetzen können, um ihr Ausdrucksverhalten richtig zu deuten, ihre Motive, ihre Reaktionen zu verstehen. Er muss die eigenen emotionalen Äußerungen darauf so abstimmen, dass sie zu den Bedürfnissen der anderen passen, andere nicht vor den Kopf stoßen, kränken, ihnen überzogen oder komisch vorkommen. Erst dieses beiderseitige Übereinstimmen der emotionalen Antennen und Sender ermöglicht ein gutes Auskommen miteinander.

Der zulassende Umgang mit Gefühlen verhindert spätere therapeutische Maßnahmen, die in langwierigen Sitzungen deren Wahrnehmung rekonstruieren müssten.

Nur wer die eigenen Gefühle gut kennt, gut mit ihnen umgehen kann, kann sich auch gut in andere hineinfühlen, sie gut verstehen. Wer eigene Gefühle verdrängt hat, verfolgt oft an anderen, was er bei sich selbst nicht wahrnehmen darf.

Eltern, die mit den eigenen Gefühlen gut klarkommen, können sich besser in ihre Kinder hineinfühlen, sie besser zu emotional stabilen und intelligenten Menschen erziehen. Es ist also nicht nur eine Frage der individuellen Seelenhygiene, das eigene Gefühlsleben zu erforschen und bewusst zu gestalten, es beeinflusst wesentlich auch den Umgang mit anderen. Der wiederum ist wesentlich auch für unser eigenes Wohlergehen. Menschen, die sozial eingebunden sind, sind seelisch und auch körperlich gesünder als Einsame.

Es ist schön, wenn Kinder lange Zeit zwanglos miteinander umgehen.

Erziehung der Gefühle

Wem zu oft ein Hieb versetzt wurde, der hat letztlich seinen Schlag weg. Auch brüskierende Gefühlshiebe hinterlassen Spuren und können die Persönlichkeit verpatzen.

Eltern sind daran gewöhnt, die Intelligenz ihrer Kinder frühzeitig und bewusst zu fördern. Sie wissen, dass sie dazu viel mit den Kindern sprechen, Fragen beantworten, Zusammenhänge erklären müssen. Sie machen die Kinder auf Wichtiges und Interessantes aufmerksam. Wichtig aber ist nicht nur das Feuerwehrauto, sondern auch das Auf und Ab der Gefühle. »Was hat dich so wütend gemacht?« »Fühlst du dich jetzt wieder ruhiger?« Kinder brauchen Namen für ihre Gefühle, nur dann können sie darüber reden und nachdenken, ihre eigenen Gefühle erkennen und benennen. Und es sollte oft über Gefühle gesprochen und nachgedacht werden.

Auch die Aufmerksamkeit für emotionale Äußerungen anderer ist wichtig. »Du hast ihn gekränkt. Sieh dir nur mal sein Gesicht an!« »Warum sagst du das, du weißt, dass sie darüber wütend wird?« Manche Kinder trampeln ungeniert auf den Gefühlen ihrer Spielgefährten herum und sind entsprechend unbeliebt. Sie sind dadurch in großer Gefahr, zu Außenseitern zu werden, und das ist sehr belastend, kann ihre weitere Entwicklung sehr negativ beeinflussen.

■ Lebhaftes Entgegenkommen

Wenn über die eigenen und die Gefühle anderer oft gesprochen wird, können Junior-Ungeheuer lernen, sich in die anderen besser hineinzuversetzen.

Kinder, die daran gewöhnt sind, dass über Empfindungen gesprochen werden kann, können quälende Gefühle leichter äußern und überwinden, Freundschaften und Partnerschaften bewusster gestalten. Kinder sollen in dem Bewusstsein aufwachsen, dass sie ihren Gefühlen nicht hilflos ausgeliefert sind, sondern sie beeinflussen können.

Gefühlen Ausdruck geben

Das Maß, in dem man Gefühle ausdrückt, ist von einer Kultur zur anderen recht verschieden. Bei der Trauer zum Beispiel. In südlichen Ländern ist es üblich, über den Tod eines geliebten Menschen laut und heftig zu klagen. Bei uns tut man das nicht. Aber lautes, heftiges Weinen erleichtert das Ertragen des Kummers, ist Balsam für die wunde Seele, schützt vor psychischen Erkrankungen. So manche Psychotherapie setzt da an – Gefühle zulassen, Gefühlen Ausdruck verschaffen, damit die Seele gesunden kann.

Frauen reden davon, Männer verstehen Bahnhof

Das Problem der unter Verschluss gehaltenen Gefühle trifft nicht in gleichem Maße beide Geschlechter. Frauen weinen, Männer reagieren irritiert und gereizt. Für Beziehungsprobleme sind Frauen zuständig, sie finden auch leichter Lösungen. Männer fühlen sich da oft hilflos.

Frauen sind seelisch gesünder und widerstandsfähiger. Ein Junge weint doch nicht! Viele Männer finden es unpassend, ihre Gefühle zu zeigen. Ein echter Mann, so meinen sie, ist hart wie der Cowboy aus Marlboro Country. Und, bekommt ihnen das? Keineswegs. Wer sich zu sehr daran gewöhnt, Gefühle wegzudrängen, zu leugnen, zu überspielen, der kennt sie irgendwann nicht mehr, findet sich in seinen Empfindungen und denen anderer nicht mehr zurecht – »Hart gegen sich und gegen andere« heißt es dann – soll das etwa ein Vorteil sein?

Es ist schon verblüffend. Selbst Pädagoginnen suchen den propagierten »neuen Mann« keineswegs als Partner. Der altväterisch geprägte Mann oder Knabe beherrscht die Szene.

Viele Männer glauben nach wie vor, dass sie immer stark sein müssen. Sie haben gelernt, Schwaches gering zu schätzen. Damit verdrängen und verachten sie auch die Anteile von Schwäche, die sie in sich selbst spüren, aber nicht akzeptieren können, weil das ja angeblich unmännlich ist.

Aber bloß kein Weichei

Frauen sind daran aber nicht unbeteiligt. Wenn sie auch heute emanzipiert sein wollen, gleiche Rechte für sich einfordern, so bevorzugen doch viele starke Männer, verachten »Softies«.

Dieses Verständnis von Männlichkeit ist für Frauen sowieso, aber auch für Männer von Nachteil. Es wird deshalb Zeit, durch bewusste Erziehung etwas dagegen zu tun.

Für Jungen ist es schwer einzusehen, dass der wilde Jäger keinen Platz mehr hat.

Untersuchungen belegen, dass Eltern mit Jungen seltener über Gefühle reden als mit Mädchen. (Außer über Wut, denn die ist vorwiegend männlich.) Deshalb sind ältere Jungen weniger in der Lage, über ihre Gefühle zu sprechen, die Gefühle anderer zu verstehen.

Fördern Sie bei Ihrem Sohn das Ausdrücken und Ausleben von Gefühlen, ganz besonders von solchen, die mit Verletzlichkeit, Schmerz, Furcht oder Schuld zu tun haben, damit er sie bei sich selbst bewusst wahrnehmen kann, nicht als etwas Fremdes, Gefährliches, »Unmännliches« verdrängen muss. Lehren Sie Ihren Sohn genauso wie Ihre Tochter, zärtlich zu sein, sich auf die Gefühle eines anderen Menschen einzustellen, ohne sich dabei unmännlich vorzukommen. Dass Jungen nicht weinen dürfen, ist hoffentlich passé. Sie dürfen aber ruhig auch albern, eitel, schwatzhaft, verträumt und ängstlich sein.

Frauen, das schwache Geschlecht?

Von Natur aus sind Frauen das stärkere Geschlecht – widerstandsfähiger gegen Erkrankungen und Stress, langlebiger. Trotzdem hält sich zäh die gegenteilige Ansicht. Und das wirkt sich auf die unterschiedliche Behandlung von Jungen und Mädchen aus.

Obwohl kleine Mädchen nach der Geburt keineswegs zarter, oft sogar robuster und besser entwickelt sind als kleine Jungen, werden sie von den Eltern meist für zarter gehalten, vorsichtiger angefasst und ängstlicher umsorgt. Aus dem Weinen vermeintlicher kleiner Mädchen hören Erwachsene eher Angst und Hilflosigkeit heraus, sagt man ihnen aber, da schreie ein Junge, glauben sie eher, wütenden Protest zu hören.

In der Kleinkindzeit werden Mädchen mehr behütet, es wird ihnen schneller Hilfe gegeben. Jungen traut man eher zu, sich selbst zu helfen. Mit der Zeit übernimmt ein kleines Mädchen die Einstellung, die andere zu ihm haben. Weil es von Situationen, die ihm Angst machen könnten, besorgter fern gehalten wird, erfährt es seltener, dass es sich auf seine Fähigkeiten verlassen kann, lernt selbst, kritische Situationen ängstlich zu meiden, sich auf den Schutz der Großen zu verlassen, nichts zu riskieren.

Steinchen im Mosaik

Entwicklung wird beileibe nicht von den Eltern allein verursacht. Das Bild vom »typisch Weiblichen« ist ein Puzzle aus tausend Kleinigkeiten, denen das heranwachsende Kind begegnet. Wie sind Mädchen und Jungen, Frauen und Männer in Bilderbüchern, in Schullesebüchern, im Fernsehen? Welche Kleidung wird für Jungen und Mädchen angeboten, welches Spielzeug? Was sagen die Leute im Bus oder auf der Straße zu ihnen? Wie sind die anderen Jungen und Mädchen in der Schulklasse, in der Nachbarschaft?

So entsteht, und zwar mehr durch Lernen als durch Veranlagung, das »typische« Mädchen – wenig selbstbewusst, eher scheu und ängstlich, dafür verständig und sozial angepasst. Seine Intelligenz entwickelt es eher im braven Nachvollziehen als in eigenwilligen Lösungsversuchen.

Für den Umgang mit Mädchen sind das zunächst durchaus angenehme Eigenschaften. Aber für die heranwachsende Frau sind sie eher von Nachteil. Viele Frauen scheuen Konflikte, sie geben lieber nach. Sie trauen sich zu wenig zu, sind leicht zu verunsichern und zu beeinflussen. Das ist einer der Gründe dafür, dass sie so selten in führenden Positionen anzutreffen sind. Sicher tut sich da einiges in den letzten Jahren, aber noch lange nicht genug. Will man bewusst gegensteuern, genügt es nicht, Jungen und Mädchen genau gleich zu behandeln. Mädchen brauchen mehr Ermutigung zur Eigenständigkeit, mehr Bestätigung für eigenwilliges Verhalten, mehr Rückhalt in Schule und Familie, wenn sie sich »unweiblich« benehmen.

Mädchen brauchen mehr Rückhalt in Schule und Familie, wenn sie sich »unweiblich« benehmen.

Schüchterne und Angsthasen

Vorsichtig bei jedem Versuch, der etwas Neues in Bewegung setzen soll – so kommt keiner voran, weil er sich selbst Stolpersteine setzt.

Alle Kinder haben Angst, alle Erwachsenen auch. Und das ist vernünftig, und wenn Erwachsene ihre Ängste nur ungern eingestehen. Dieses Gefühl warnt uns vor möglichen Gefahren. Wenn ein großes Tier auf uns zustürzt, suchen wir sicherheitshalber das Weite. Wenn wir beim Autofahren Angst kriegen, ist es sinnvoll und vernünftig, langsamer zu fahren.

Es kann deshalb nicht unser Ziel sein, Kinder so zu erziehen, dass sie überhaupt keine Angst haben. Wenn ein Kind auf dem Sprungbrett im Schwimmbad oder auf der Spielplatzrutsche lieber nicht springt oder hinunterrutscht, vertraut es seinem Gefühl, und das ist gut so. Wir werden froh sein, wenn das der Achtzehnjährige bei seinen ersten Autospritztouren auch noch tut.

Schüchterne Kinder sind besonders zurückhaltend und gehemmt beim Knüpfen sozialer Kontakte. Sie fürchten sich vor verletzenden Reaktionen der anderen Kinder, reagieren darauf besonders sensibel. Es tut weh, ihnen zuzusehen, wie sie zwischen dem Drang, dabei zu sein, und der Angst, zurückgewiesen zu werden, hin- und hergerissen sind. Sie brauchen Rückenstärkung und Ermutigung. Aber es hilft ihnen nicht, wenn man sie kritisiert und ausschimpft. Das verstärkt die Hemmungen nur noch, weil es ihnen suggeriert, dass sie nicht »in Ordnung« sind.

Hindernisse

Ängste werden zu Schranken, wenn sie uns abhalten, Dinge zu tun, die Spaß machen oder wichtig sind. Panische Angst vor Wasser hindert uns daran, schwimmen zu lernen, Angst vor Fahrstühlen zwingt uns zu endlosem Treppensteigen, zu große Angst vor anderen, Aggressiveren bringt soziale Nachteile. Deshalb ist es vernünftig, wenn wir lernen, solche hinderlichen Ängste abzubauen oder zu neutralisieren. Aber nicht, indem wir sie hinunterwürgen und verleugnen.

Eltern möchten ein mutiges Kind

Väter und Mütter wünschen sich Junioren mit Schneid, weil sie meinen, dann würden diese im Leben besser zurechtkommen. Deshalb möchten sie ihnen die Angst, die Schüchternheit abgewöhnen.

Väter, die selbst in ihrer Kindheit lernen mussten, dass ein Junge nicht feige sein darf, sind oft besonders intolerant gegenüber einem ängstlichen Sohn, der sich immer wieder von Robusteren unterkriegen lässt. Aber auch für den ist es keine Ermutigung, wenn man ihn immer wieder auffordert, mutiger zu sein, sich zu wehren. Im Gegenteil. Zu der Entmutigung, wieder mal unterlegen zu sein, kommt dann noch die, seinen Eltern nicht recht zu sein, so wie man nun mal ist.

Die beste Ermutigung für ein Kind ist die Gewissheit, dass es von seinen Eltern mit allen seinen Eigenheiten geliebt und anerkannt wird. So findet es leichter selbst Verhaltensstrategien, wie es sich Angriffe vom Hals halten kann, ohne sich schlagen zu müssen.

Verschiedene Grade von Ängstlichkeit

Manche Menschen, manche Kinder sind besonders ängstlich oder schüchtern, andere weniger. Das bringen sie ein Stück weit mit auf die Welt. Mit noch so viel erzieherischer Hingabe kann man aus einem Angsthäschen keinen Draufgänger machen. Aber man kann erreichen, dass das schüchterne Kind, das Angsthäschen trotzdem selbstbewusst wird und lernt, mit seiner Ängstlichkeit so umzugehen, dass es möglichst keine Nachteile davon hat.

Ängstlichkeit im Lift und Angst beim Zahnarzt, das sind gängige Phobien. Begründet, wie die Furcht vorm bissigen Hund, sind sie nur mit Einschränkung.

Es ist auch nicht nur von Nachteil, emotional besonders empfindsam und ansprechbar zu sein. Vielleicht wird das Angsthäschen mal ein guter Psychologe.

Mit dem Geschlecht hat die größere oder geringere Ängstlichkeit wohl weniger zu tun. Nur lernen kleine Jungen eher, ihre Angst hinunterzuschlucken, weil die Umwelt das von ihnen erwartet. Gut ist das für sie nicht.

Umgang mit Kinderängsten

Ein Kind, das Angst hat, muss diese Angst ausdrücken dürfen. Man kann sie nicht wegreden, erst recht nicht wegmeckern. Man muss sie erst mal kennen und akzeptieren. Und dann kann man gemeinsam sehen, was man daraus macht.

Viele kleine Kinder, die gerade lernen, sich aus eigener Kraft fortzubewegen, haben Angst davor, die schützenden Eltern zu verlieren. Sie brechen in panisches Gebrüll aus, wenn sie in fremder Umgebung außer Sichtweite geraten. Das ist sehr vernünftig und gibt sich mit zunehmender Selbstständigkeit. Bis dahin muss man so ein Klammeräffchen, das überallhin mitgenommen werden will, einfach ertragen.

Woher stammt kindlicher Vorbehalt? Eine gewisse Scheu gehört wohl zu den angeborenen Mechanismen.

Das Gespenst im Schrank

Zwei-, Drei-, Vierjährige haben Angst vor unbekannten Geräuschen, vor dem Dunkel, vielleicht vor Wasser, vor Tieren, vor allem aber vor den Ausgeburten der eigenen Phantasie. Und die ist in dem Alter uferlos und ungebändigt. Das Krokodil unterm Bett, das Gespenst im Schrank, der Löwe im Badezimmer, alles ist möglich. Und es ist phantasielos, darauf ärgerlich oder überheblich zu reagieren. Denn manchmal ist Mut wirklich nur ein Mangel an Fantasie. Es hilft überhaupt nicht gegen das Krokodil unterm Bett, wenn man das Licht anmacht, nachguckt und feststellt, dass da kein Krokodil ist. Denn kaum ist das Licht aus, ist auch das Krokodil wieder da, und die Strumpfhose mutiert zur Riesenschlange. Aber manches Kind weiß besser als seine Eltern, wie dem Tier beizukommen ist – den großen Karton vors Bett, das Biest hineintreiben und vorn zur Tür hinauswerfen. Gegen

Kindliche Bewältigung der Angst

Oft finden Kinder auch andere Möglichkeiten, mit ihren Ängsten umzugehen. Sie finden zum Beispiel Gruselgeschichten, die sie wieder und wieder hören wollen – zwecks Immunisierung sozusagen. Oder sie entschärfen den Angstmacher, indem sie sich mit ihm identifizieren. Das Kind, das Angst vor Hunden hat, spielt selber Hund – kriecht unter den Tisch, beißt in die Beine, möchte am liebsten auch da unten essen. Na und, wenn's hilft?

ängstigende Fantasien hilft die eigene Fantasie oft am besten. Vor allem gibt diese Lösung das Gefühl, selbst etwas gegen die Angst getan zu haben, nicht einfach nur überredet worden zu sein.

Wenn Eltern ihren Kindern helfen wollen, die Angst vor etwas Bestimmtem zu überwinden, halten sie sich am besten an das Prinzip der schrittweisen Annäherung unter entspannten Bedingungen. Ein Kind, das panische Angst vor Wasser hat, kann ich bei fröhlichem Spiel schrittchenweise hineinlocken, immer sorgfältig darauf achtend, dass die Angst nicht zu groß wird. Zeigt das Kind Angst, darf es gleich weiter zurück. Seine Annäherung an das, was Angst macht, muss immer freiwillig bleiben. So lernt es mit der Zeit, dass das Beängstigende so gefährlich gar nicht ist. Es muss seine Angst nicht verstecken, aber es lernt, damit umzugehen. Aufgezwungene Mutproben dagegen können eher entmutigen und die Angst verfestigen.

Das Ding zu schaukeln geht nur, wenn man mutig auf die Schaukel springt und die Sache in Schwung bringt. Und es muss zwanglos geschehen.

Die große Wut

Dass einer gelegentlich wütend wird, wenn er mit anderen eng und engagiert beieinander lebt, das ist einfach nicht vermeidbar. Familien, in denen immer nur Güte und Harmonie herrschen, gibt es nur in der Fantasie, im schlechten Gewissen derer, bei denen es anders langgeht.

Unterdrückte Wut gärt im Unterbewussten, bricht sich womöglich Bahn an Stellen, die nicht kontrollierbar sind. Deshalb ist es besser, Wut zuzulassen, aber in kontrollierten Bahnen.

Nicht das Gefühl an sich ist inakzeptabel, sondern nur bestimmte Formen, es herauszulassen. Jede Familie muss für sich zivilisierte Formen im Umgang mit der Wut finden, die für die anderen erträglich sind.

Schimpfen, mit Tellern werfen, kreischen, Türen knallen

Schimpfworte verletzen weniger als Schläge, es sei denn, sie zielen gemein genau auf wunde Punkte. Jeder Mensch hat sozusagen eine seelische Gürtellinie, unter die auch in großer Wut nicht gezielt werden darf.

Wer ein Knallbonbon ist, darf auch gelegentlich explodieren. Anders ist das Leben für einen Choleriker nicht möglich, nur muss der Ausbruch innerhalb der Konventionen bleiben.

Zerschlagene Teller sind nicht jedermanns Sache, Schuhe oder Putzlappen, die durch die Gegend fliegen, richten weniger Schaden an. Laut knallende Türen stören im Neubau viel mehr als in einem soliden Altbau. Entscheiden Sie selbst, was Sie und Ihre Kinder erträglich finden. Die Kinder müssen daran nur lernen, dass man auch in Wut um der anderen willen nicht alles darf, was man am liebsten täte.

Die Umgangsregeln für Wüteriche sollten für Kinder und Eltern in gleicher Weise gelten. Eltern machen es vor, die Kinder genießen noch eine Weile Nachsicht, bis sie das Nachmachen gelernt haben. Das bedeutet zum Beispiel, dass man die »ausgerutschte« Ohrfeige niemals als pädagogische Maßnahme deklarieren darf, eher mal wütende Kinderfäuste auf dem eigenen Bauch nachsehen muss, denn bis in die Schulzeit hinein fällt es Kindern sehr schwer, heftige Wut zu zügeln und dabei auf Handgreiflichkeiten zu verzichten.

Lernen, die Wut zu kontrollieren

Ein Zweijähriges kann vor Wut außer sich geraten wie Rumpelstilzchen. Das Ausmaß solcher Trotzanfälle kann es noch nicht steuern, es wird davon wirklich angefallen. Deshalb ist es am sinnvollsten, ein kleines Kind, das ein Teufelchen im Ranzen hat, einfach links liegen zu lassen, bis es sich beruhigt. Trotzdem wird man ihm sicher immer wieder erklären, dass es auch in heftiger Wut nicht einfach um sich schlagen oder auf andere einprügeln darf. Zuerst werden Sie sich, wenn so etwas passiert, noch selbst dazwischenschieben müssen, aber mit der Zeit kann das Kind lernen, selbst auf Abstand zu gehen, vielleicht in sein Zimmer zu rennen und da noch ein Weilchen mit den Fäusten auf den Boden zu hauen. Vielleicht vereinbaren Sie mit dem Vier-, Fünfjährigen ein bestimmtes, deutliches Zeichen, das ihm in solchen Fällen sagt: Stopp, erst mal abregen, erst mal nachdenken, dann handeln! Sobald ihm das gelingt, aber da ist das Kind dann sicher schon im Schulalter, kann man anschließend mit ihm darüber reden, was es so wütend gemacht hat, wie man das Problem anders lösen könnte als mit Dreinschlagen.

In gewissem Maße steht Wut im Zusammenhang mit der Höhe des Testosteronspiegels. Deshalb sind pubertierenden Jungs die Wutentladungen durchaus nachzusehen.

Wut ist männlich

Nicht dass Frauen und Mädchen nie richtig wütend werden. Aber diejenigen, die sich in Wut zu Unvertretbarem hinreißen lassen, sind ganz vorwiegend Jungen und Männer. Das gilt für Prügeleien auf dem Schulhof genauso wie für Kneipenschlägereien und kriminelle Übergriffe. Weltweit sind Männer aggressiver.

Fort vom Faustrecht der Horde

Zu Zeiten unserer fernen Vorfahren mag die größere männliche Aggressivität einen Überlebensvorteil gebracht haben, heute ist sie allemal von Nachteil. Männer und Frauen leben unter gleichen Bedingungen, und niemand sollte sich mehr vor geballter männlicher Aggressivität fürchten müssen. Deshalb ist es besonders wichtig, Jungen klarzumachen, dass es bessere, sozial verträglichere Wege der Konfliktlösung gibt als Draufhauen. Leider wird ihnen an vielen Stellen, besonders im Fernsehen, etwas anderes vorgeführt. Da ist der Größte zu oft der mit den schnellsten Fäusten oder der größten Kanone.

Nach neueren Untersuchungen scheinen männliche Hormone, denen der werdende Junge schon im Mutterleib ausgesetzt ist, wesentlich dafür verantwortlich zu sein. Trotzdem kann die Umwelt diesen Unterschied zwischen den Geschlechtern vergröbern oder aber auch einebnen.

Zart besaitete Jungen, die lieber weglaufen als sich zu prügeln, brauchen Anerkennung und Bestätigung. Aber Mädchen, die Angst vor Aggressivität haben, brauchen mehr Training darin, männlichen Drohgebärden standzuhalten. Völlige Aggressionslosigkeit unter Kindern ist allerdings eine Illusion, besonders weil wir Erwachsenen untereinander ja etwas ganz anderes vormachen.

Auch Kinder müssen trauern

Als scheinbar negativer Affekt wird Trauer gern übergangen. Aber der seelische Schmerz ist sogar körperlich notwendig, um die erneute Produktion von Glückshormonen anzuregen.

Traurige, weinende Kinder sind für Erwachsene schwer zu ertragen, wir möchten sie gern heiter und fröhlich sehen. Aber nicht immer ist die Welt heiter, auch für ein kleines Kind nicht. Wenn das geliebte Meerschweinchen gestorben ist, ist es nicht ratsam, noch schnell vor Kindergartenschluss ein neues zu kaufen. Das Kind muss von diesem Tier Abschied nehmen, es begraben, um es trauern, dabei auch heftig weinen. Es muss sich in diese Trauer hineinfallen lassen dürfen, bis es darin Trost gefunden hat und wieder aufhören kann. Die schnelle Ablenkung behindert das Verarbeiten.

■ Abschied von nahestehenden Personen

Was für den Tod des Meerschweinchens gilt, gilt erst recht, wenn ein Mensch stirbt oder fortgeht, den das Kind lieb hat.

Es kann nicht unser Ziel sein, das Kind den Verlust möglichst schnell vergessen zu lassen, es möglichst schnell wieder lachen zu sehen. Das Durchleben von Trauer, das Festhalten an Riten, das Darüber-Reden ist heilsamer als das schnelle Verdrängen. So mancher innere Konflikt, der das Leben der Erwachsenen beeinträchtigt, basiert auf unverarbeiteten Gefühlen aus der Kinderzeit. Und wer als Kind nicht gelernt hat, Gefühle zuzulassen und mit ihnen umzugehen, der tut sich damit auch als Erwachsener schwer.

Eigene Gefühle zeigen

Die Art, wie Eltern mit ihren eigenen Gefühlen, mit den Gefühlen des Partners, der Kinder umgehen, ist deren erstes und deshalb besonders prägendes Modell für das emotionale Lernen. Ob sie ehrlich, einfühlsam und tolerant miteinander sind, auf Gefühle Rücksicht nehmen, sich bemühen, den anderen nicht zu verletzen, ob sie besonnen oder impulsiv und wechselhaft reagieren, das gucken sich die Kinder von den Eltern ab.

Aufgestaute Aggressionen versöhnlich abbauen, ihnen ein Ventil geben, das gilt als Aufgabe des Erziehers, der weiß, das Gelassenheit nicht jedermanns Tugend ist.

Gute Eltern bemühen sich, gleichmäßig freundlich zu bleiben, nicht die Beherrschung zu verlieren. Aber auch die besten Eltern können nicht verhindern, dass sie gelegentlich böse, wütend werden über das, was die Kinder gerade wieder anstellen. Es hat keinen Zweck, dass sie schlucken und schlucken, sich beherrschen und beherrschen, bis der Damm dann doch bricht und das Donnerwetter viel heftiger ausfällt, als ihnen recht ist. Dann lieber dem Ärger gleich Luft machen, so lange er sich noch in zivilisierten Bahnen halten lässt.

Sich kontrollieren, aber nicht verstellen

Woher soll das Kind soziales Verhalten lernen, wenn es nicht an unseren Reaktionen erfährt, welche seiner Handlungen Ärger, Freude, Traurigkeit bewirken? Wir sind keine perfekten Pädagogen, sondern lebendige Menschen. Das soll auch das Kind erfahren. Gleichzeitig lernt es an unseren Reaktionen, wie man seine Gefühle so ausdrücken kann, dass sie für die anderen erträglich sind.

Mit älteren Kinder können Sie über Ihre und die kindlichen Gefühle auch reden, sie beschreiben und erklären. Ein Mensch, der in dieser Weise lernt, über die eigenen Befindlichkeiten kritisch nachzudenken, hat es viel leichter, sich in ihnen zurechtzufinden.

Es hat auch wenig Zweck, eigene Gereiztheiten oder Gefühle, die von anderen ausgelöst wurden, vor den Kindern verbergen zu wollen. Kinder haben ein sehr feines Gespür für solche atmosphärischen Störungen und reagieren mit Unruhe oder uner-

Beim Basteln und Tüfteln formt sich Erkenntnis. Eltern brauchen aber nicht gleich den künftigen Ingenieur zu sehen.

klärlichem Verhalten. Geben Sie ihnen eine Erklärung, wenn Sie zum Beispiel traurig sind, weil die Streitigkeiten mit dem Vater immer mehr zunehmen. Antworten Sie ehrlich, wenn Sie gefragt werden, ob Sie sich trennen wollen. Damit können die Kinder wahrscheinlich besser umgehen als mit solchen lang anhaltenden, schwer greifbaren Gereiztheiten.

Für Jungen sind solche Gespräche noch wichtiger als für Mädchen, weil sie sonst den Eindruck gewinnen könnten, Gefühl sei Frauensache. Besonders wichtig ist es, dass Väter mit ihren Söhnen über Gefühle reden, um ihnen zu zeigen, dass es nicht unmännlich ist.

Kinder brauchen Futter für den Verstand

Wenn ein Kind geboren wird, stehen Milliarden von Nervenzellen bereit, um Gelerntes zu speichern. Je anregender die Umwelt ist, desto stärker vernetzen sich die Nervenzellen, bilden Straßen und Wege, auf denen Gelerntes zueinander in Beziehung gesetzt werden kann. Je vernetzter ein Gehirn ist, umso mehr kann es leisten.

Unbezähmbarer Forscherdrang

Ein Kleinkind ist unersättlich neugierig. Alles will es anfassen, untersuchen, wissen, begreifen. Das ist sein wichtigstes Handwerkszeug, wenn es ein kluges Kind werden will.

Wissenschaftler betonen heute, für das Berufsleben der Zukunft werde es charakteristisch sein, dass die Menschen nicht irgendwann eine Ausbildung abschließen und dann vom Bestand zehren, sondern dass sie lebenslang immer wieder Neues werden lernen müssen. Deshalb ist die Pflege und das lebenslange Erhalten der Neugier eine wichtige Voraussetzung, um das Leben zu meistern. Denken Sie daran, wenn Ihr Spatz das nächste Mal den Inhalt Ihrer Schubladen erforscht.

Den Spaß am Lernen erhalten

Fast alle Kinder kommen lernfreudig in die Schule, wild darauf, lesen, rechnen, schreiben zu lernen. Aber was läuft da bloß falsch – nach wenigen Schuljahren haben die meisten den Spaß am Lernen verloren.

- Lernen macht Spaß, solange der Mensch selbst neugierig sein, Fragen aufwerfen, nach Antworten suchen darf.
- In der Schule werden den Kindern vorwiegend Fragen beantwortet, die sie gar nicht gestellt haben.
- Sie werden im Dreiviertelstundentakt mit Wissen traktiert, das ihnen nichts bedeutet.

Es gibt eine Menge vielversprechender Ansätze und Schulversuche, die das ändern wollen, nur setzen sie sich im Schulalltag sehr zögerlich durch. Sicher muss in der Schule auch immer einiges mühsam und wenig lustbetont erledigt werden. Aber wenn genügend Aufgaben dabei sind, die Spaß machen, erträgt man dazwischen auch die, die halt sein müssen.

Den Anforderungen nicht genügen zu können, erzeugt Gleichgültigkeit, Frustration oder Angst. Vergebliche Mühe macht Schlapp.

Konservative Kritiker werfen den Neuerern oft vor, sie wollten Leistung nicht mehr fördern, Bildung sei zu ernst, als dass sie Spaß machen dürfte. Aber das ist falsch. Sein Bestes leisten kann nur, wer Lust auf Bildung, wer Spaß am Lernen hat.

Lernlust statt Leistungsdruck

Weil Eltern wissen, wie schwer es heute ist, einen Ausbildungsplatz zu kriegen, weil sie ihren Kindern bestmögliche Chancen sichern wollen, setzen viele ihre Kinder unter Druck.

Immer mehr Schulkinder leiden unter stressbedingten psychosomatischen Symptomen – unter unerklärlichen Schmerzen, Konzentrationsstörungen, Schlafstörungen, Nervosität und unbezähmbarer Unruhe.

Nicht die Anstrengung an sich verursacht den Stress – für etwas, das Spaß macht, kann man sich auch mal völlig verausgaben, ohne Schaden dabei zu nehmen. Der Stress, der krank macht, entsteht durch die ständige unterschwellige Angst, den Anforderungen nicht genügen zu können.

Alles schielt nach den Noten

Ein Mensch kann nicht von Eins bis Sechs bewertet werden. Deshalb sind Zensuren nur Etappen auf einer schulspezifischen Skala.

Ein wichtiger Stressfaktor in der Schule sind die Zensuren. Zensuren sind oft ungerecht, und sie bewerten nicht das, was dringend bewertet und gefördert werden müsste.

Das wichtigste, was Kinder in der Grundschule lernen müssen, ist das Lernen. Sie müssen Lernstrategien entwickeln, lernen, sich zu konzentrieren, sich anzustrengen. Die richtigen Schritte, die sie auf diesem Wege machen, müssen konsequent bestätigt werden, damit sie auf diesem Wege weitermachen, sich von Misserfolgen nicht gleich aus der Bahn werfen lassen.

Das ständige Vergleichen der Kinder miteinander, das ständige Messen an einem Durchschnitt ist pädagogisch völlig abwegig. Es fördert die Konkurrenz unter den Kindern, auch die Konkurrenzangst und damit den Stress. Viele Länder, zum Beispiel Großbritannien, Italien, die Niederlande, die skandinavischen Länder verzichten deshalb auf die Zensuren bis zur sechsten oder achten Klasse. In Deutschland hat es sich bisher nur für die ersten und teilweise für die zweiten Klassen durchgesetzt.

Was aber tun Zensuren?

Da kann eine Sechsjährige schon lesen und ein bisschen schreiben, als sie zur Schule kommt. Sie macht allerlei Unsinn, aber das, was sie leisten soll, schüttelt sie ohne Anstrengung aus dem Ärmel. Müsste die Lehrerin zensieren, müsste sie ihr für diese falsche Haltung, die ihr später manchen Nachteil bringen kann, unentwegt Einsen geben. Da müht sich eine andere redlich und zielstrebig mit den Tücken des Rechnens. Man sieht deutlich, was sie inzwischen erfolgreich geübt hat. Müsste die Lehrerin zensieren, müsste sie ihr trotzdem durchgängig Fünfen geben, denn sie ist noch immer weit hinter den anderen zurück. Das würde ihrer Leistung nicht gerecht und würde sie bestimmt nicht motivieren, so weiterzumachen. Aber nur, wenn sie das tut, kann sie ihr Defizit ausgleichen.

Mutlosigkeit und Angst blockieren geistige Leistungen

Bei Angst werden Stresshormone ins Blut geschickt, die die Weiterleitung von unnötigen Informationen im Gehirn behindern. Das hatte vor tausenden von Jahren einen Überlebensvorteil. Angst zeigt eine Gefahr an. Bei Gefahr soll man in der Lage sein, schnell und mit aller Kraft zu reagieren, soll keine wertvolle Zeit mit langem Nachdenken vergeuden. Für Schulkinder ist Angst ein regelrechtes Lernhindernis.

Die besten geistigen Leistungen gelingen in einem Zustand optimistischer, entspannter Gelassenheit, in dem man von einer Aufgabe so gefesselt ist, dass man alles um sich vergisst, in dem die Gedanken wie von selbst aus einem herausfließen.

So wie es ein Wohlfühlgewicht gibt, besteht auch ein persönlicher Rahmen für den Aktionsradius. Bleiben Sie gefasst, falls Ihr Kind kein Aktionist wird.

Diesen Zustand lustvoller Schaffensfreude erreicht man am besten bei Aufgaben, die nicht so leicht sind, dass man sich dabei langweilt, aber auch nicht so schwer, dass man Angst kriegt, sie nicht zu bewältigen.

Kinder, die Lust am Lernen oft erleben dürfen, werden dadurch zu weiterem Lernen angespornt, sehen mit der Zeit, dass man auch mal langweilig üben muss, um wieder in diesen Zustand zu kommen.

Auch schlechte Schüler sind gute Kinder

Kinder, die in der Schule immer wieder schlechte Noten kriegen, werden entmutigt. Vielleicht tun sie ja sehr rotzig, als mache ihnen das gar nichts aus. Wie wenig das stimmt, merkt man, wenn sie mal eine gute Zensur kriegen – diese Freude, diese Erleichterung!

Kinder, die in der Schule wenig Erfolgserlebnisse haben, brauchen umso mehr Rückhalt und Bestätigung zu Hause.

Bieten Sie Hilfe an, statt zu schimpfen und Vorwürfe zu machen. Bestehen Sie nicht auf zusätzlichem Pauken, wenn das Kind schon von der Schule die Nase voll hat. Suchen Sie nach Aufgaben in der Umwelt, bei denen zum Beispiel Schreiben und Lesen Spaß macht. Lesen Sie die Plakate an der Straße, schreiben Sie sich kleine Zettelchen mit freundlichen Botschaften, spielen Sie allerlei Ratespiele, lösen Sie Kreuzworträtsel.

Versuchen Sie vor allem, die Lust am Lernen zu retten. Das ist wichtiger als der augenblickliche Leistungsstand. Ermutigen Sie das Kind, sich mit Dingen zu beschäftigen, auf die es neugierig ist, auch wenn die in der Schule gerade gar nicht gefragt sind. Stöbern Sie mit ihm in der Stadtbücherei, surfen Sie mit dem Älteren zusammen durchs Internet. Bestärken Sie es bei Dingen, die es gut macht.

Nur in der Schule gelten Zensuren als Wertmaßstab

Es gibt »gute Schüler«, das sind die, die gute Noten kriegen, und »schlechte Schüler«, die das nicht schaffen. Als wenn es nicht noch viele andere Qualitätsmerkmale gäbe als die geistige Leistungsfähigkeit! Sehen Sie zu, dass das nicht auch noch nach Hause übergreift. Ihr Kind soll die Gewissheit haben dürfen, dass es ein »gutes Kind« ist, auch wenn es vielleicht zur Zeit schlechte Zensuren bekommt.

Kinder brauchen keine Pillen

Eltern, deren Kinder immer wieder über Kopf- oder Bauchschmerzen klagen, sich nicht konzentrieren können, durch ständige Unruhe stören, suchen das Heil oft in Medikamenten. Aber das ist der falsche Weg.

So manche Suchtkarriere beginnt mit der in der Kindheit erworbenen Überzeugung, dass man den Unwägbarkeiten seines Seelenlebens am besten mit Chemie begegnet. Allerlei Vitaminpillen und Stärkungsmittel für mehr Konzentration und bessere Leistungen in der Schule, Beruhigungsmittel gegen Aufregung und Prüfungsangst. Auf der Strecke bleibt die Überzeugung, mit den eigenen Gefühlen, und seien sie noch so heftig, auch ohne solche Krücken zurechtzukommen, auf der Strecke bleiben Autonomie und der Glaube an die innere Stärke.

Genügend Schlaf, Zeit zum Spielen und richtiges Essen sind die Voraussetzungen, damit Kinder sich auch zum Lernen hinsetzen wollen.

Immer mehr Jugendliche greifen dann auch zu Drogen, um ihr Seelenleben ins Lot zu bringen. Cola und Kaffee als Muntermacher, Nikotin, Alkohol zum Mutmachen oder Betäuben. Haschisch zur Flucht in eine rosigere Welt, Ecstasy zum Durchhalten heißer Nächte …

Erfolg versprechender als der Griff zur Pille

Wir müssen nach den Ursachen der beunruhigenden Symptome suchen und die krankmachende Umgebung der Kinder verändern. Die Menschen sind heute von einer Generation zur anderen immer größeren nervlichen Belastungen ausgesetzt. Immer häufiger müssen sie sich von einer Situation auf eine ganz andere umstellen, immer schneller reagieren, immer mehr Reize gleichzeitig beachten und verarbeiten. Und die Kinder reagieren darauf am empfindlichsten. Viele kommen schon mit einem hohen Pegel an allgemeiner Erregtheit und Gereiztheit in die Schule, und der zusätzliche Stress wird dann für manchen unerträglich. Deswegen gehören in vielen Schulen Übungen, die das Zur-Ruhe-Kommen, das In-sich-Hineinhorchen, das ruhige Beobachten und Zuhören fördern sollen, inzwischen zum Programm.

Halten Sie immer die Tür für entlastende Gespräche offen, die helfen, Probleme zu lösen und Stress abzubauen – das ist besser als jede Pille.

Falls Ihr Kind in der Schule Angst vor Arbeiten und Prüfungen hat, ist es viel wichtiger, der Frage nachzugehen, wer und was ihm da so viel Druck macht, was man tun könnte, um die Situation zu verändern.

Wenn Ihr Kind vor Zappeligkeit aus allen Nähten platzt, lassen Sie lieber von noch einem und noch einem Facharzt prüfen, ob es sich hier wirklich um eine Hyperaktivität handelt, die nicht anders als mit einem recht umstrittenen Medikament behandelt werden kann. Halten Sie immer die Tür für Gespräche offen, die helfen, Probleme zu lösen und Stress abzubauen, das ist besser als jede Pille.

Mehr Ruhe!

Lassen sich auch zu Hause Ruhe und Entspannung fördern, Zeitdruck, Leistungsdruck und ständige Verplanung abbauen? Entspannend für Kinder ist aber nicht das Sitzen vor dem Fernseher, sondern eher das Stromern, Schaukeln, Spielen im Park oder auf dem Spielplatz.

Spiel ist mehr als Spaß

Spielen ist für Kinder Entspannung und Lernprozess zugleich.

Spielen ist eine der wichtigsten menschlichen Beschäftigungen. Es dient nicht nur der Erholung, sondern auch dem Ausdruck und der Bewältigung von Eindrücken und Gefühlen. Das zweckfreie Spielen setzt Kräfte frei, die im Arbeitsalltag mit seinen Zwängen leicht verschüttet werden. Für das Kind ist Spielen die ihm gemäße Art, seine Umwelt verstehen zu lernen, seine Erfahrungen und Erlebnisse zu bewältigen. Deshalb muss Spielen die Hauptbeschäftigung eines jeden Kindes bis weit in die Schulzeit hinein sein. Nur wer als Kind ausgiebig gespielt hat, kann ein kreativer und arbeitsfähiger Erwachsener werden.

Kinder müssen spielen

Es bekommt auch Erwachsenen gut, wenn sie von Kindern wieder das Spielen lernen, wenn sie sich animieren lassen, zu rennen und herumzutollen, Hütchen zu fangen oder sich beim Memory besiegen zu lassen. Aber nur Kinder *müssen* spielen!

Manche Eltern genießen es richtig, mit ihren Kindern zu spielen, und sie zeigen sich dabei oft äußerst erfinderisch. Wie in ihren eigenen Kindertagen bauen sie Höhlen aus Stühlen und Decken, inszenieren lautstarke Indianerüberfälle oder machen auch mal eine schaurig-schöne Nachtwanderung mit dem Nachwuchs. Anderen liegt dies weniger, aber versuchen sollten sie es doch. Kinder *müssen* spielen, und die Eltern sind die bevorzugten Spielgefährten.

Mitspielen?

Sie brauchen sich deshalb nicht verpflichtet zu fühlen, ihre Kinder stundenlang zu beschäftigen, zu »bespielen«. Die Gefahr ist recht groß, dass Sie dann die Regie übernehmen, alles besser wissen, allerlei Erwachsenenmotive in das Spiel der Kinder hineintragen, so dass die Fantasie der Kinder dabei flügellahm wird. Erwachsene, die mit Kindern spielen, sollten denen die Regie überlassen, mitmachen, aber nicht führen. Viele Eltern fühlen sich verpflichtet, mit ihren Kindern zu spielen, weil keine kindlichen Spielpartner da sind. Aber das ist kein vollwertiger Ersatz.

Kinder brauchen Kinder

Kinder, die keine Geschwister haben, brauchen den Spielplatz, die Krabbelgruppe, den Kindergarten, damit sie ausreichend Kontakte zu anderen Kindern haben. Denn der Umgang mit ihnen, das Üben sozialer Fertigkeiten unter Gleichen ist mindestens genau so wichtig wie die Erziehung durch die Eltern.

Einzelkinder kennzeichnen sich häufig durch übergroßen Bedarf an Aufmerksamkeit und eine Reihe von Defiziten im Sozialverhalten wie etwa Altklugheit, was aber nicht zu verallgemeinern ist.

Erwachsene, die Kindern beim gemeinsamen, unreglementierten Spielen zusehen und zuhören, registrieren oft vor allem Lärm und Streit und wünschen eine effektivere, sinnvollere Nutzung der Freizeit. Aber Krach und lautstarke Auseinandersetzungen gehören einfach dazu, wenn Kinder spielen, und das ist auch keine vertane Zeit. Kinder brauchen viel Gelegenheit, den Umgang miteinander zu üben, ohne dass sich ständig ein Erwachsener einmischt. So förderlich Flötengruppe und Judokurs sein mögen, es muss immer noch viel Zeit übrig bleiben, die Kinder einfach so, ohne Programm und ohne fremde Regie miteinander verbringen können.

Streiche und dummes Zeug

Besonders in den Städten werden die Gelegenheiten, wo sich Kinder gefahrlos und zwanglos draußen zusammenfinden können, immer seltener. Schon zum nächsten Spielplatz brauchen sie Erwachsenenbegleitung. Aber wie und wo soll man noch Dummheiten machen, wenn ständig ein Großer zuguckt? Nehmen nicht auch in Ihren Kindheitserinnerungen die Dummheiten einen besonderen Platz ein? Jetzt, da Sie erwachsen sind, klingeln bei dem Wort vielleicht die Alarmglocken. Was da alles passieren kann! Trotzdem: Ein gerütteltes Maß an Dummheiten, gegen die die Erwachsenen was hätten, wenn sie davon wüssten, gehört einfach zum Kinderleben. Sie dienen der Selbstfindung und der Emanzipation. Wo es keine Gelegenheiten dafür mehr gibt, müssen wir sie wieder schaffen (siehe auch Seite 92).

Statt verplanter Freizeit schöpferische Langeweile

Ist es möglich, von sich zu verlangen: Heute will ich faul sein? Auf jeden Fall wird es schwierig, eintreffende Vorschläge für aktive Freizeit abzuwehren.

Spätestens wenn sie in die Schule gehen, ist die Freizeit vieler Kinder recht knapp, zu knapp bemessen. Damit der Rest möglichst sinnvoll genutzt wird, neigen viele Eltern dazu, ihn gut zu planen. Montag nachmittags Töpferkurs, Dienstag Chor, Mittwoch Ponyhof, und so weiter. Da sind die Kinder von der Straße und pädagogisch wertvoll beschäftigt. Das mag für jede einzelne dieser Aktivitäten zutreffen, in dieser Häufung aber ist es von Übel. Die so eingespannten Kinder haben zu wenig Gelegenheit, Zeit selbst schöpferisch zu gestalten und einzuteilen, ihren eigenen Eingebungen zu folgen, spontane Verabredungen zu treffen.

»Dann hängen sie doch nur rum«, wird gesagt, dann vertun sie die Zeit und machen gar nichts Vernünftiges. Aber auch Herumhängen kann sinnvoll sein, denn die Geburt eines kreativen Gedankens braucht erst mal ein gewisses Maß an schöpferischer Langeweile. Wird die immer gleich durch Vorschläge oder Programme aufgefüllt, gewöhnt sich das Kind daran, das Ausbrüten von Ideen anderen zu überlassen, immer gleich zu fragen: »Was soll ich heute mal machen?«

■ Weniger Fernsehen

Die größte Verführung für Kinder, die sich langweilen, ist heute das Fernsehen. Man muss nicht mehr selbst etwas tun, man kann sich berieseln lassen. Aus Statistiken lässt sich ablesen, dass Kinder umso mehr Zeit vor dem Fernseher zubringen, in je höheren Stockwerken sie wohnen. Die zu ebener Erde lockt es noch am leichtesten nach draußen.

Fernsehen, auch Videospielen, ist nicht an sich schlecht. Es gibt gute und lehrreiche Fernsehsendungen und Videospiele. Und immer nur lehrreich muss gar nicht sein. Auch wir Großen ziehen uns abends, wenn wir erschöpft sind, gern mal irgend einen Unsinn rein.

Lesen ist wie Kino im Kopf

Fernsehen in Maßen kann das Leben von Kindern durchaus bereichern. Allerdings hat es dem Lesen gegenüber wesentliche Nachteile. Ein lesendes Kind muss sich, angeregt durch abstrakte Zeichen, seine inneren Bilder dazu selbst machen, das Fernsehen liefert sie schon fertig. Das lesende Kind bestimmt selbst das Tempo, in dem es einer Handlung folgt. Es kann zurückblättern oder zwischendurch ein Weilchen an die Wand starren, bis es einen Zusammenhang begriffen, eigene dazu aufsteigende Erinnerungen und Gedanken verarbeitet hat. Das Fernsehen gibt das Tempo vor. Und das ist flott – zu flott für jüngere Kinder. Die suggestiven Bilder und besonders die untermalende Musik schwemmen sie fort von einem intensiven Gefühl zum nächsten. Deshalb ist Fernsehen schlecht geeignet, die eigenständige Gedanken- und Fantasietätigkeit von Kindern zu fördern. Ein bisschen davon kann willkommene Anregung sein, zu viel aber lähmt.

Bei der jetzigen Programmgestaltung ist man geneigt, das Fernsehen für Kinder generell zu verteufeln. Zum Glück entwickeln auch die Kleinen Distanz zur Flimmerkistenwelt und nehmen nicht alles für bare Münze.

Verpasste Abenteuer

Ein wichtiger Gesichtspunkt ist auch, was Kinder versäumen, wenn sie zu lange vor dem Kasten hocken. Sie versäumen den Umgang mit anderen, sie versäumen Anstrengung und Bewegung, das Entfalten von Fantasie und Unternehmungslust. Abenteuer finden nur noch auf der Mattscheibe statt. Gegen die Abenteuer, die einem das Fernsehen vormacht, wirken die, die man

Wie Sie den Fernsehkonsum Ihrer Kinder reduzieren können

Ein interessantes Kontrastprogramm ist noch am ehesten Erfolg versprechend. Dabei müssen es nicht immer Spiele sein, die Sie anbieten. Gemeinsame Unternehmungen – Plätzchen backen, ein Regal bauen, Blumen einpflanzen – sind für Kinder oft genauso attraktiv. Allerdings müssen sie wirklich mitmachen dürfen, nicht nur Werkzeug reichen oder Erde einfüllen.

vor der Haustür haben kann, fade. Mit der Zeit fällt den Kindern nichts Eigenes mehr ein, und weil ihnen nichts mehr einfällt, setzen sie sich noch länger vor die Glotze – ein Teufelskreis.

Alte Klamotten – gutes Spielzeug

Wenig ist beim Spielzeug mehr. Vereinfacht lässt sich sagen: Fast alles, was man in der Natur findet, eignet sich direkt oder indirekt.

Spielzeug ist dann gut, wenn es wenig festlegt, wenn es dem Kind viel Raum für eigene Fantasien und Gestaltungen lässt, wenn es heute so und morgen anders verwendet werden kann. Gutes Spielzeug, das ist viel ungeformtes Material, das zum Formen und Gestalten herausfordert:

- Ausreichend Papier und Stifte
- Knetmasse oder Bienenwachs
- Tusch- und Fingerfarben
- Größere Mengen Holzklötze, Modellbaukästen

Das kann sehr teuer sein, muss es aber nicht. Das Papier darf einseitig bedruckt sein, die Holzklötze kann man aus Tischlereiabfällen selber machen.

Gutes Spielzeug sind auch Kissen, Decken, große alte Kartons, denn Kinder bauen für ihr Leben gern Höhlen. Kinder schlüpfen gern in verschiedenste Rollen, die sie durch dieses Hineinversetzen leichter begreifen. Deshalb sind auch Gardinenreste und Spitzenunterröcke, alte Kleider, Tücher, Taschen und Hüte bestens einsetzbar.

Überflüssiges Spielzeug

Hierzu gehören die Plastikfiguren aus der Fernsehwerbung mit all dem spezifischen Zubehör, das man braucht, um die Geschichten aus dem Fernsehen oder aus dem Comic-Heft genau nachspielen zu können. Und vieles von dem teuren Schnickschnack, auf den Kinder so fliegen. Was nun freilich nicht heißt, dass Kinder so was überhaupt nicht haben sollen. Sie können auch damit kreativ spielen. Wenn zum Beispiel die tolle, batteriebetriebene Lokomotive, die nicht mehr fährt, als Requisit im Gespensterhaus verwendet wird und da in einer finsteren Ecke gruselig rappelt und leuchtet.

Kinderspielzeug sollte nie so edel und teuer sein, dass man es nicht kaputtlieben oder sein Innenleben erforschen darf. Erst ältere Kinder oder Jugendliche haben Freude an kostspieligen Modellen, die man nur mit spitzen Fingern anfassen darf.

Kriegsspielzeug, Panzer und Gewehre muss kein Junge haben. Automatisch funktionierendes technisches Spielzeug, aber auch Barbiepuppen lassen wenig Raum für Fantasie.

Kinder müssen nicht alles haben

Sobald ein Menschenkind geboren ist, sammelt sich schnell allerhand Spielkram an – zum Schütteln, Ziehen, Stecken und Stapeln, mit vielen bunten Teilen aus Holz und Plastik.

Schon wenn das Kind zu laufen beginnt, ist das Ganze eine strukturlose Masse, die abends in eine Kiste geschaufelt und morgens wieder ausgekippt wird. Da steht dann so ein Anderthalbjähriges mitten in der Flut und weiß nichts anderes damit anzufangen, als mit den großen Teilen zu schmeißen und die kleinen in den Schlitz des Videorecorders zu stopfen. Es wäre sinnvoll, hier eine Auswahl zu treffen und einiges wegzupacken.

Spielzeug ab wann und wie viel?

Bis zum Alter von etwa zwei Jahren braucht ein Kind eigentlich überhaupt kein Spielzeug – es spielt mit allem, was es in die Finger kriegt – mit Topfdeckeln und Wäscheklammern, mit Schlüsseln und Hüten, und es entbehrt dabei nichts.

Womit nicht grundsätzlich etwas gegen Spielzeug gesagt sein soll. Ein einzelnes Spielzeug kann durchaus eine erfreuliche Anregung sein. Aber ein Spielzeug aus mehreren Teilen zum Beispiel kann seinen »Aufforderungscharakter«, seinen Reiz, die Teile ineinander zu stecken, übereinander zu türmen oder sonstwie zusammenzubringen, nur entfalten, wenn die Teile dicht beieinander in einer anregungsarmen Umgebung, also zum Beispiel auf einem sonst leeren Fußboden, liegen. In einem Durcheinander stört ein Ding das andere, verheddert sich die Aufmerksamkeit, springt die Aktivität hin und her oder endet in überdrüssiger Destruktion.

Was ewig ruht, fliegt raus

Auch ältere Kinder sitzen aus dem gleichen Grunde oft in einem Zimmer voller gefüllter Regale und wissen nichts mit sich anzufangen. Je mehr da ist, um so weniger reizt das Einzelne.

In unserer reizüberfluteten, technisierten Welt muss jeder sich von immer mehr Dingen lösen, damit die Kindheit nicht verarmt.

Weniger ist hier mehr. Wenn sich schon die ständige Nachlieferung durch Geschenke nicht eindämmen lässt, ziehen Sie einen Teil der Sachen, die lange nicht angeguckt wurden, einfach aus dem Verkehr. Holen Sie sie wieder hervor, wenn gerade mal eine neue Anregung gebraucht wird. Ermutigen Sie ältere Kinder, Spielsachen, an denen sie das Interesse verloren haben, auf dem Trödelmarkt zu verkaufen oder zu verschenken.

Je mehr er hat, je mehr er will

Selbst wenn Eltern versuchen, venünftig zu sein, Kinder drängeln unentwegt, dass irgend etwas gekauft werden soll, was sie gerade gesehen haben und angeblich dringend brauchen. Und die Werbung suggeriert ihnen geschickt, was sie gerade dringend brauchen sollen. Zur Fernsehsendung die passenden Figuren, zu den Figuren passende Häuser und sonstige Ausstattung. Zum Spielzeug das Comic, die Comicfigur auf dem T-Shirt, der Federtasche, dem Schlafanzug. Einige Wochen später ist die Mode vorbei, liegt das Ding in der Ecke, wird etwas anderes dringend gebraucht.

Bekommen ist wichtiger als besitzen

Eltern möchten ihren Kindern zeigen, dass sie sie lieb haben. Deshalb schlagen sie dringende Wünsche nur ungern ab. Besonders wenn sie wenig Zeit haben, versuchen sie das durch Großzügigkeit auszugleichen.

Kinder, die nicht kriegen, was sie haben wollen, können nervenzerfetzend betteln und schimpfen. Sie wissen bald recht genau, wo sie uns packen können. »Andere Eltern sind nicht so geizig wie du« – das tut weh. Aber ob Kinder ihre Eltern wirklich weniger lieb haben, wenn die hin und wieder mal »nein« sagen? Oft kann man den Eindruck haben, dass Kindern der Vorgang des Beschaffens wichtiger ist als das Haben. Sie drängeln und zetern, bis etwas gekauft wird. Kaum haben sie es, keimt schon ein neuer dringender Wunsch und das Erreichte verliert an Interesse. Aber glücklich wirken sie dabei nicht.

Wer es nicht eilig hat, sein Kind zu prägen, wird auch kein hastiges Wesen heranziehen, das die Eltern in ein hektisches Leben zieht.

Es muss nicht alles sofort sein

Kinder, die alles immer sofort bekommen, lernen nicht, die Erfüllung eines Wunsches aufschieben zu müssen, sich dafür erst eine Weile anzustrengen oder auch mal ganz auf etwas zu verzichten. Sie setzen Zuwendung und »alles kriegen« gleich, erleben das Ablehnen eines Wunsches leicht als Ablehnung der ganzen Person. Aber es ist wichtig, dass sie gerade das auseinander zu halten lernen: Ich kann es ablehnen, dir einen Wunsch jetzt sofort zu erfüllen, aber ich habe dich trotzdem genauso lieb. Ich will jetzt dieses Spiel nicht kaufen, aber ich möchte trotzdem weiter freundlich mit dir umgehen. Das müssen wir ihnen durch unser Verhalten klar machen.

Ein vollgestopftes Kinderzimmer ist wie ein überquellender Schreibtisch. Vor lauter Material weiß keiner, womit angefangen werden soll.

Dazu ist es wichtig, dass wir ein Kind, das unangemessene Forderungen stellt, nicht als Person beschimpfen: »Du kannst den Hals nie vollkriegen«, »du blamierst mich vor allen Leuten«. Es ist sein Recht, es zu probieren. Es ist unser Recht, abzulehnen – entschieden, aber ruhig (und so freundlich wie möglich).

Ein gut überlegtes Nein bleibt Nein

Nein muss nicht nein bleiben. Wirft nicht jeder dem anderen Sturheit vor? Nur ein Unter-keinen-Umständen oder ein durchdachtes Nein sollte dauerhaft halten.

Wir erleichtern dem Kind und uns das Leben, wenn wir konsequent bleiben. Geben wir nach endloser Bettelei doch nach, plant das Kind die lange »Weichklopfzeit « beim nächsten Mal sozusagen mit ein – man muss nur lange genug betteln, dann schafft man es vielleicht doch. Bleiben wir konsequent, lernt es ziemlich schnell: Langes Betteln hat gar keinen Zweck, nein bleibt nein.

Ein Kind, das sich der Liebe und Anerkennung seiner Eltern aus anderen Quellen sicher ist, kann solche gelegentlichen Enttäuschungen leichter wegstecken.

Liebe und gegenseitige Verbundenheit entstehen nicht durch das Erfüllen aller Wünsche, sie fußen auf zärtlicher Zuwendung, auf Vertrauen und gegenseitiger Achtung. Sie leiden auch nicht, wenn Eltern gelegentlich nein sagen, selbst wenn uns das wütende, enttäuschte Kind vielleicht an den Kopf wirft: »Ich finde euch doof, andere Eltern sind viel netter«.

Alles erste Sahne und sofort

Wenn ein Kind sich daran gewöhnt, alles immer im nächsten Augenblick haben zu wollen, ist das auch in anderer Hinsicht gefährlich. Wir tun vieles im Leben mit der Aussicht auf einen bestimmten Erfolg. Wir gehen zum Pilzesammeln in der Hoffnung auf ein schmackhaftes Mittagessen, wir besuchen einen Fortbildungskurs, weil wir unsere beruflichen Chancen damit verbessern wollen. Bis diese Hoffnungen von Erfolg gekrönt sind, ist einiges an Anstrengung nötig. Es ist wichtig, dass wir geduldig weiter machen, auch wenn der Weg zum Ziel zunächst mühsam ist. Wer alles immer gleich will, verliert zu leicht die Geduld, wenn erste Schwierigkeiten auftreten.

Alle andern haben das!

»Alle andern haben das auch«, ist eines der wichtigsten Argumente, wenn Kinder ihre Eltern überzeugen möchten, dass sie etwas dringend brauchen.

Kinder sind viel mehr als Erwachsene in ihrem Selbstwertgefühl davon abhängig, von der Gruppe der Gleichaltrigen anerkannt zu werden. Und das hängt tatsächlich vielfach an Äußerlichkeiten. So gekleidet zu sein wie alle, das gleiche Spielzeug, die gleiche Schulmappe zu haben, das kann wesentlich mit darüber entscheiden, ob man akzeptiert oder als »komisch« abgelehnt wird. Eltern ist das ein Dorn im Auge. Sie möchten nicht, dass ihre Kinder sich von solchen Äußerlichkeiten bestimmen lassen. Und ein finanzielles Problem ist es obendrein. Denn die Sweatshirts, Hosen, Turnschuhe der gerade gängigen Marke sind oft unverschämt teuer. Das möchten die Eltern nicht mitmachen.

Die ganz bestimmte Hose oder der spezielle Schulranzen, der gekauft werden muss, haben den Ruf nach Schuluniformen erneut laut werden lassen.

■ Konsumzwänge

Kinder müssen auch nicht alles haben, wie ich betont habe. Aber sie brauchen dringend ihren sicheren Platz unter den Gleichaltrigen. Eltern müssen eine schwierige Gratwanderung hinkriegen zwischen ihren pädagogischen Zielen und dem Bedürfnis des Kindes, in seiner Gruppe anerkannt zu werden. Keines von beiden soll des anderen wegen ganz unberücksichtigt bleiben.

Mit älteren Kindern wird es darüber immer wieder heiße und zermürbende Debatten geben, bei denen man die eigenen Argumente wieder und wieder vertreten muss. Aber vielleicht finden Sie dabei Kompromisse, mit denen alle einigermaßen über die Runden kommen. Teenager können bis Weihnachten warten, Gespartes dazugeben, Überflüssiges verkaufen oder dazuverdienen, wenn ihre Wünsche den Eltern zu teuer sind. Eines Tages sind sie dann selbstbewusst genug, sich dem Trend entgegenzustellen und verwirklichen lieber eigene Vorstellungen. Aber 13- bis 14-Jährige stehen unter strengem Modediktat.

Taschengeld

Eine regelmäßige Geldzuwendung soll es Kindern ermöglichen, sich die kleinen Alltagswünsche zu erfüllen, ohne jedes Mal um ein paar Groschen betteln zu müssen. Sie sollen daran lernen, selbstständig zu kalkulieren, auszuwählen, zu wirtschaften.

Zu üppig bemessenes Taschengeld stärkt in Kindern die Einstellung, Glück hänge davon ab, dass man sich jeden Wunsch sofort erfüllen kann. Aber etwas, das so leicht zu bekommen ist, verliert dadurch schnell an Wert. Sofort entstehen neue und größere Wünsche. Sie können durch noch so viel finanzielle Großzügigkeit nicht erreichen, dass Ihr Kind »wunschlos glücklich« ist. Und dieser Zustand ist auch keineswegs erstrebenswert.

Leichtsinnige Ausgaben

Teure Klassenfahrten können durch Flohmärkte oder Theateraufführungen wenigstens teilweise eingespielt werden. Man muss sich halt darum kümmern und zur Not nach Beihilfe fragen.

Eltern möchten gern, dass Kinder sparen lernen, und halten sie an, Teile des Taschengeldes aufzuheben. Ob aber ein Kind alles gleich ausgibt oder etwas spart, ist seine Sache. Es muss die Konsequenzen des einen und des anderen Verhaltens selbst erleben und selbst tragen, sonst kann es keine Erfahrungen daraus sammeln. Wenn Eltern es nicht ertragen, für wie viel Schnickschnack das Kind Geld verplempert, dann haben sie ihm zu viel gegeben.

Taschengeld darf nicht dem Zweck dienen, vor anderen damit anzugeben, was man sich alles leisten kann. Deshalb ist es schon sinnvoll, sich ein bisschen umzuhören, was andere Eltern so für angemessen halten. Und wenn vor Klassenreisen vereinbart wird, wie viel jedes Kind zur freien Verfügung haben sollte, verlangt die Solidarität, dass alle sich auch daran halten.

Bei älteren Kindern hängt die Höhe des Taschengeldes auch davon ab, was davon gekauft werden muss. Wer bezahlt das Material für die Hobbybastelei, wer das Futter fürs Meerschweinchen, wer kauft Hefte und Beistifte? Vielleicht notiert das Kind einige Wochen lang, was da so zusammenkommt, und dann legen Sie gemeinsam die angemessene Summe fest.

■ Die »Alten« drehen den Geldhahn ab

Wenn Taschengeld seinen Sinn haben soll, eignet es sich nicht als Disziplinierungsmittel, das man je nach Wohlverhalten des Kindes aufstockt, mindert oder sperrt. Damit nutzen Eltern die Macht aus, die sie haben, weil sie an der Geldquelle sitzen. Das macht abhängig, vielleicht trotzig, vielleicht unterwürfig, aber nicht souverän und selbstständig.

Auf den Flügeln der Fantasie

Kinder leben in zwei Welten, zwischen denen sie lustvoll und problemlos hin- und herwandern, über deren Genzen sie sich jahrelang auch nicht so sicher sind. Das eine ist die Welt der Realität, unsere Welt, die wir für die »richtige« halten, in der es für alles eine Erklärung gibt. Das andere ist die Welt der Fantasie, die Welt der Märchen und Träume, in der alles möglich ist, was sonst nicht geht. In dieser Welt kann man alle Wünsche und Träume ausdrücken und in Erfüllung gehen lassen. In ihr kann man experimentieren mit den eigenen Gefühlen und Vorstellungen, kann seine Ängste loswerden, sich einen eigenen Erlebnisraum schaffen, zu dem sonst keiner Zugang hat. Hier wird die Lieblingspuppe lebendig, hier gibt es das kleine Teufelchen, das manchmal neben einem steht und einen zu allerhand Liederlichem anstiftet. Es ist die Welt der inneren Beweglichkeit und Lebendigkeit, in der man sich nicht an harten Realitäten stößt. Diese Welt ist voller magischer Bilder, die auf der ganzen Welt verstanden werden. Sie sprechen die Seele an, ohne dass der kritische Verstand sie erklären muss.

Seifenblasen ermüden nie. Immer wieder wird versucht, ob diesmal eine richtig große gelingt.

Flüchtlinge in der Realwelt

Solange man die Luftschlösser wenigstens zeitweise betreten kann, bevölkert sich der Raum mit Fabelwesen, und das Land verödet nicht so rasant.

Die meisten von uns sind aus dieser Welt längst vertrieben, betrachten sie eher mit Misstrauen. »Erzähl keine Märchen« sagen wir, wenn ein Kind von Bären im Kinderzimmer redet, oder »Spinn nicht rum!« Erwachsene brauchen erst wieder Ermutigung und Anleitung, um sich in der Welt der Fantasie bewegen zu können – Anleitung von Kindern. Wer sich mit einem Kind auf eine Fantasiereise begibt, kann das Meer mit einem Schritt überqueren, kann einen Schatz in der Hand halten, den keiner sieht, mit Regenwürmern reden oder in den Himmel fliegen.

Sich verständigen in Bildern

Die Fantasie kombiniert frühere Wahrnehmungen mit völlig neu Geschöpftem. Dieser Mixtur ist es gleichgültig, ob ihre Ergebnisse in der Wirklichkeit bestehen könnten oder nicht.

Ich kann, einfach ohne Hintersinn, mit einem Kind im Phantasialand spazierengehen. Ich kann ihm über solche Geschichten aber auch Dinge mitteilen, die über Worte noch schwer zu vermitteln sind. Das Kind zum Beispiel, das mit Angst-Lust durch einen Wald voller Ungeheuer schleicht, spielt mit seinen Ängsten und seiner Belastbarkeit, experimentiert mit seinem Selbstbild zwischen Draufgänger und Angsthase. Der Erwachsene, der mitschleicht, kann sich einfach von ihm führen lassen. Er kann ihm aber auch Mut machen, ihm in Bildern verständlich machen, dass er da ist, wenn Hilfe gebraucht wird. Oder er kann deutlich machen, dass es gar nichts Schlimmes ist, in kritischen Situationen Angst zu haben und sicherheitshalber lieber wegzurennen.

Ich kann den geheimnisvollen Spielgefährten, den ein Kind sich erdacht hat, freundlich an meinen Tisch bitten und werde in dem, was mir das Kind über ihn erzählt, viel darüber erfahren, was es sich wünscht und was ihm fehlt. Ich kann ihm aufmerksam zuhören, wenn es mit Puppe oder Teddy »Mutter und Kind« spielt und mich selbstkritisch fragen, warum die Mutter in seinem Spiel andauernd schimpft. Ich kann mit dem Kind Puppendoktor spielen, wenn es Angst vor dem Arzt hat. Ich kann das Kasperle ins Krankenhaus kommen lassen und vorführen, wie es ihm hinterher wieder gut geht.

Ein Mittel gegen Nachtangst

Ich kann dem Mädchen, mit dessen großer Angst beim Einschlafen ich nicht klarkomme, eine Geschichte erzählen von einem Mädchen, das Angst vor dem Einschlafen hat, und mit dem Kind zusammen überlegen, wie diesem Mädchen wohl zu helfen sei. Auf diesem Umweg wird es dem Kind wahrscheinlich leichter sein , auch die eigenen Ängste in Worte zu fassen.

Ausdrücken, was in einem ist

Sich ausdrücken – das tun Kinder auch, wenn sie malen, singen, tanzen, Rollenspiele spielen, Geschichten erfinden. Sie sollten in dieser Fähigkeit bestärkt werden, ohne dass ihnen jemand ständig Regieanweisungen gibt, ihnen sagt, wie man es »richtig« macht oder besser machen könnte. Die spontane Ausdrucksfreude geht verloren, wenn sie ständig auf kritische Reflexion stößt. Kinder, die malen, phantasieren auf Papier. Deshalb brauchen sie viel Papier, viele Stifte und Farben.

In Kinderzeichnungen wird etwas an den Dingen hervorgehoben, das der persönlichen Übersicht dient. Verzerrt wirkende Formen ziehen ein Quäntchen von der Erscheinung ab, was in der Kunst als Stil bezeichnet wird.

Kinder gestalten nach anderen Kriterien als wir. Ein Hund, der nach unserem Ermessen viel zu dicke, lange Beine hat, ist einfach ein Tier, für das die Beine ungemein wichtig sind. Wenn wir einem Kind zeigen, wie man »schön« einen Hund, ein Haus, einen Baum malt, dann drückt es nichts Eigenes mehr aus, sondern malt nach.

Wenn Kinder nach Schablonen Sterne und Herzchen produzieren, wenn wir sie zu oft anhalten, nach Vorlagen zu malen, ihre Werke kritisieren, ihnen sagen, wie es »richtig« ist, stören wir ihre schöpferische Ungeniertheit. Das tut leider oft auch die Erzieherin im Kindergarten, der Lehrer beim Kunstunterricht in der Schule. Die schöpferische Ausdruckskraft muss hier zu oft hinter dem Nachmachen zurückstehen. Manche Kunsterzieher lassen gern »Entwürfe für Tapeten« anfertigen oder Farben mischen.

Seelenbilder

Sicher muss ich nicht alles, was Kinder produzieren, durch die psychologische Brille betrachten. Vieles sind Fingerübungen, Lust-Gekritzel, Spiele mit Formen und Farben. Aber manche Kinderzeichnung wird uns berühren, zum Nachdenken bringen. Warum gerade das und gerade so? Warum wirkt der Baum, den das Kind da gemalt hat, so traurig? Warum malt es in letzter Zeit solche Bäume? Warum malt ein anderes sich selbst so riesig und die ältere Schwester so klein? Warum malt es immerfort Löwen, Krokodile und Monster?

Kinder brauchen Bewegung

Kinder im Krabbelalter, die viele Stunden täglich im Bettchen oder im Laufgitter sitzend verbringen, verkümmern geistig. Schulkinder, die nicht praktisch ausprobieren und mit den Händen begreifen dürfen, was sie lernen sollen, auch. Das kleine Kind muss seine Umwelt mit allen Sinnen erforschen und erfahren, das Auge allein reicht dazu nicht aus. Es muss die Dinge von allen Seiten betrachten können, drunter-, drüber-, drum-herum klettern, damit es sie greifend versteht. Auch wenn uns das manchmal ganz schön in Trab hält.

Die Welt be-greifen

Bewegungsmangel nimmt den natürlichen Verschleiß vorweg. Die Kindheit entwickelt und erweitert den Rahmen für spätere Mobilität.

Das Kind muss die Beschaffenheit des Materials ertasten, muss auch erfahren, was schmerzhaft ist, wenn man mit dem Kopf dagegenstößt. Und Höhe erfährt es am besten, wenn es sich an etwas hochzieht oder auch mal von oben herunterfällt.

Kinder müssen auch hüpfen und springen, Kopf stehen und Purzelbäume schlagen. Sie müssen den Gleichgewichtssinn trainieren, die Gesetze der Schwerkraft erfahren und die Welt aus verschiedenen Perspektiven betrachten. Es gibt viel mehr als fünf Sinne, etwa den für Temperatur oder die Lage im Raum, und beim Erobern lernt man sie am besten kennen.

Rechnen und Rückwärtslaufen

In den letzten Jahren macht eine Schwierigkeit von Schulkindern mehr und mehr von sich reden – die Rechenschwäche. Kinder haben zu wenig Verständnis für Zahlen, für Mengen, für das Zuzählen und Abziehen, Malnehmen und Teilen. Den Fachleuten fiel auf, dass die gleichen Kinder in ihren körperlichen Bewegungen oft besonders ungeschickt und ungeübt sind. Sie können nicht balancieren, auf einem Bein hüpfen, rückwärts laufen. Offensichtlich haben beide Defizite etwas miteinander zu tun. Der Schluss liegt nahe, dass das konkrete Erfassen des Raumes, des Vor und Zurück, Neben, Drüber, Drunter Voraussetzung ist für das Erfassen abstrakter räumlicher Beziehungen. Und so gehört zum Training gegen die Rechenschwäche auch das Trainieren körperlicher Bewegung.

Sich durch schwierige Passagen hindurchwinden oder mit älteren oder jüngeren Kindern katzbalgen fördert den Aufbau sämtlicher Muskelgruppen und entfaltet die Intelligenz.

Mehr Hüpfen, Klettern, Balancieren im Kleinkindalter hätte die Schwäche vielleicht vermieden.

Stolz auf die eigenen Kräfte

Kinder wollen erfahren, was ihr Körper alles kann und wo seine Grenzen sind. Noch schneller rennen, noch höher klettern und tiefer hinabspringen, solche Leistungen sind eine wichtige Quelle ihres Stolzes auf sich selbst.

Kinder lernen ihre Körperkraft, Gelenkigkeit und Geschicklichkeit richtig einzuschätzen, wenn sie viel klettern und hangeln, auch da, wo es ein bisschen gefährlich aussieht. Wenn wir sie von jedem riskanten Unternehmen zurückhalten, ständig vor Gefahren warnen, immer gleich die stützenden Hände ausstrecken, entwickeln sie zu wenig Sinn für Gefahr. Entweder, sie stürzen sich, weil sie sich auf uns verlassen können, vertrauensvoll kopfüber irgendwo hinunter, oder sie trauen sich gar nichts mehr, weil sie unsere Ängstlichkeit übernehmen. Aber gerade das selbstständige Ausprobieren, die Anstrengung und Bewältigung, auch das Sich-Wiederaufrappeln nach einem Misserfolg, stärken die Autonomie und das Selbstwertgefühl. Am besten übt sich die Körperkraft im Spiel.

Mehr Raum für Bewegung

In einem Staat mit vielen Rentnern und wenig Kindern achtet man sehr auf Sicherheit. Ungenutzte Winkel oder gar Freiflächen mit Wildwuchs haben dort nicht zu suchen.

An Eltern, Erziehern, Lehrern ist es, Kindern mehr Raum für Bewegung zu verschaffen. Wohnen Sie in einem oberen Stockwerk? Gehen Sie selbst nicht gern runter? Versuchen Sie, das zu ändern. Mit jedem Hund muss man Gassi gehen, mit Kindern erst recht.

Aber Kindern liegt wenig am gesitteten Spazierengehen. Sie wollen hüpfen, rennen, Purzelbäume schlagen – auf einer Wiese, im Park, im Wald, auf dem Spielplatz.

Auch in der Wohnung haben Kinder einen viel größeren Bewegungsbedarf als Erwachsene. Lässt Ihre Wohnung viel Bewegung zu? Oder ist, wie bei den meisten Architekten vorgesehen, das kleinste, das halbe Zimmer das Kinderzimmer? Ließe sich das nicht ändern?

- Klopft bei Dreiradfahrten im Flur oder Sprüngen vom Hochbett der Mieter von unten an die Decke?
- Könnte ein dämpfender Fußbodenbelag helfen oder mehr freundliche Gespräche mit den anderen Mietern? Der Lärm von Kindern lässt sich nämlich leichter ertragen, wenn man diese Kinder gern mag. All das ist jedenfalls besser, als den Bewegungsdrang der Kinder immer wieder einzuschränken.
- Auch sonst sollte das Kinderzimmer eher Werkstatt sein als Puppenstube.
- Empfindliche Teppiche und Möbel sind ungeeignet. Mit Kratzern, breit getretener Knetmasse und umgekipptem Tuschwasser muss man rechnen.
- Die ersten Malversuche beschränken sich selten aufs dafür vorgesehene Papier.

Wenn Kinder solche Bereiche haben, in denen sie sich ihren Bedürfnissen entsprechend bewegen dürfen, kann man sie leichter davon abhalten, auch in den übrigen Räumen allzu ungeniert ihre Spuren zu hinterlassen.

Auch dort lassen sie die Regale mit den Büchern eher in Ruhe, wenn sie im untersten Fach Kataloge und Telefonbücher ausräumen dürfen. In der Küche spielen sie bereitwillig mit Kochtöpfen und Holzbrettchen und schonen dafür das Zerbrechliche.

Eine kindgerechte Umwelt

Suchen Sie, wenn Sie die Wahl haben, auch den Kindergarten so aus, dass viel und laut draußen gespielt werden kann. Und wenn Sie beim Abholen statt des sauberen Kindes, das Sie morgens abgeliefert haben, einen fröhlichen Dreckspatzen vorfinden, dann war das ein guter Tag! Mischen Sie sich in der Schule ein, wenn die Kinder zu wenig Bewegung haben, zu viel stillsitzen müssen. Zum Beispiel hat sich schon mancher betonierte Pausenhof auf Elterninitiative in einen interessanten Spielplatz verwandelt, auf dem es dann auch weniger Aggressionen und Unfälle gab. Wir haben uns an zu vielen Stellen damit abgefunden, uns und die Kinder an die Bedingungen der Umwelt anzupassen. Wenn wir ein kinderfreundliches Land werden wollen, müssen wir mehr die Umwelt den Kindern anpassen. Mit noch so viel Verkehrserziehung werden wir zum Beispiel die Kinder nicht verkehrsgerecht machen können.

Kinder sind nicht kompatibel

Sie sind zu klein, zu spontan, haben einen zu engen Blickwinkel, können die Geschwindigkeit von Autos zu wenig abschätzen. So sind sie, sie können nicht anders. Also müssen die Autos in Wohngebieten langsam fahren, also muss es geschützte Spielflächen geben, wo die Kinder ohne Gefährdung spielen können. Die Architekten müssen sich darauf einstellen, mehr Innenhöfe und Grünflächen mit Verbindungswegen nur für Fußgänger zu schaffen. Mit den sterilen Alibi-Spielplätzen – Schaukel, Rutsche, Klettergerüst mit ein bisschen Sand drunter – ist es nicht getan. Kinder wollen rennen, Dreirad fahren, sich verstecken, auf Bäume klettern und unter Büschen Hütten bauen. Sie brauchen Rasenflächen, auf denen man herumtoben darf. Sie buddeln gern Löcher und wollen sich Verschläge nageln und Baumhäuser bauen.

Ein Kind will eine heile Welt. Es sagt zum Erwachsenen: »Säg doch nicht den Kastanienbaum um, dann hast du ja keine Kastanien mehr.«

Kinder brauchen im Grunde auch Gelegenheit, sich den Argusaugen der Erwachsenen zu entziehen, um Abenteuer zu suchen und in Ruhe Dummheiten machen zu können. Aber wo gibt es das schon noch?

Ausgleich am Wochenende und im Urlaub

Kleine Kinder brauchen keine großen Urlaubsziele. Auf Mallorca interessieren sie sich genauso für junge Kätzchen wie in Unterpfaffendorf.

Hat Ihr Kind auch zu wenig Freigelände zum Stromern? Dann versuchen Sie wenigstens am Wochenende Ausgleich zu schaffen. Raus in den Wald oder ans Wasser. Irgendwohin jedenfalls, wo man graben und klettern, manschen und Krach machen kann, so viel man mag. Auch der Urlaub sollte den Kindern viel Raum geben. Lieber Bauernhof oder Ferienhütte als mehrstöckiges Hotel mit Vollpension, wo man still sein und artig bei Tisch sitzen muss, als einziges Vergnügen aber nur das Fahrstuhlfahren hat. Kinder brauchen auch weniger touristische Attraktionen als ein Stück Natur, das sie sich zu eigen machen dürfen, keine Strandpromenade, sondern einen Strand ohne reihenweise aufgestellte Liegestühle, wo sie sich mit Sand und Modder bewerfen können, ohne dass jemand meckert.

Die Urlaubsvorstellungen von Kindern und von kinderlosen Leuten gehen oft weit auseinander. Also sollte man sie besser auch auseinander halten. Es gibt Kataloge mit speziellen Angeboten für kinderfreundlichen Urlaub.

Freude am eigenen Körper

Immer mehr Mädchen, zunehmend auch Jungen, werden in der Pubertät magersüchtig. Sehr viel mehr – Jungen wie Mädchen – sind mit ihrem äußeren Erscheinungsbild unzufrieden. Sie grämen sich über zu dünne Beine, zu dicken Popo, zu wenig Busen oder zu wenig Muskeln. Sie nehmen allerlei gesundheitliche Nachteile in Kauf, um das zu ändern. Sie können sich nicht wohl fühlen in ihrem Körper, so wie er ist, weil sie einem diktierten Schönheitsideal nachlaufen. Aber sich wohl fühlen im eigenen

Körper ist eine der Voraussetzungen für ein solides Selbstgefühl. Mein Körper, das bin ich. Die rundlichen Formen und stämmigen Beine sind ein Teil meiner Identität ebenso wie Temperament oder Sensibilität. Wenn ich einen Teil meiner selbst nicht ausstehen kann, unbedingt verändern will, kann ich auch mich selbst als Ganzes nicht so akzeptieren, wie ich bin.

Sich selbst fühlen

Kleine Kinder haben solche Probleme noch nicht. Ihre Sinnenlust ist ungebrochen, für »domestizierte« Erwachsene manchmal befremdlich. Kleine Kinder gieren nach sinnlichen Erfahrungen. Sie probieren aus, was ihr Körper alles hergibt. Kreischen, bis einem die Ohren klingen, sich drehen, bis die ganze Welt sich dreht, rennen und toben, bis die Luft wegbleibt, das Herz rast und der Kopf puterrot wird. In solchen Situationen verausgabt sich das Kind, geht lautstark aus sich heraus, fühlt besonders intensiv sich selbst, und auch das gehört zum Selbstgefühl.

Kleine Kinder probieren alles aus – seien Sie tolerant!

Vielleicht tröstet Sie das, wenn Ihre Kinder gerade mal wieder schreiend den Flur auf und ab toben oder wieder und wieder vom Hochbett springen. Und denken Sie bei puterroten Köpfen und naß geschwitzten Haaren nicht immer nur an Erkältung!

Den eigenen Körper erforschen

Kinder erleben ihren Körper als aufregendes Erfahrungsfeld, das sie testen und erforschen. Sie untersuchen auch alle Glieder und Körperöffnungen mit neugierigen Fingern, pulen in Augen, Ohren, Nase bei sich und bei anderen. Die Geschlechtsteile nehmen sie bei ihren Erkundungen nicht aus – warum auch?

Kleine Kinder kennen keinen Ekel, wenn sie auch die eigenen Ausscheidungen untersuchen, sich damit beschmieren und sie rundherum verteilen. Kaum ein Erwachsener wird das akzeptabel finden. Wenn das Kind schon manschen will, ist uns der Modder im Buddelkasten allemal lieber. Aber allzu heftig geäußerter Widerwillen oder gar Strafe müssen dem Kind suggerieren, dass ein Teil von ihm schmutzig, schlecht und unerwünscht ist. Die gleichen Folgen hat es, wenn jedes Erforschen der eigenen Ausscheidungs- und Geschlechtsorgane mit einem Tabu belegt wird, mit »Pfui!« und »Das tut man nicht!«

Eine hintergründige Freude haben Kinder noch lange an allem, was matscht und stinkt. Den Finger in den Po stecken und daran riechen – haben Sie das als Kind nie gemacht?

Eine körperfreundliche Erziehung

Eine körperfreundliche Erziehung akzeptiert den Forscherdrang und die animalischen Gelüste der Kinder, auch wenn es sie nach und nach vorsichtig in zivilisiertere Bahnen lenkt.

Verbote sind oft unwirksam – vorsichtiges Lenken führt eher zum Erfolg.

Manschen kann man auch mit anderem Material als dem Inhalt der eigenen Windel, Nacktsein beschränkt man nach und nach auf Haus und Garten oder andere geschützte Räume. Auch allerlei Doktorspielchen gehören besser nicht vor die Augen der Öffentlichkeit. Da mag es Leute geben, die das stört, aber auch andere, die sich daran unzulässig verlustieren. So kann man Kindern das auch erklären. Nicht, was sie tun, ist schlecht, sondern das, was andere vielleicht daraus machen.

Zu Hause darf man alles erforschen, alles fragen und sagen, was den Körper und seine Funktion betrifft. Alle Körperteile haben Namen, nüchterne und auch zärtlich-verspielte für den Hausgebrauch.

Die Zone »da unten« ist weder besonders schmutzig noch sonstwie tabu. Man darf sie auch benutzen, um sich so ein wohlig kribbeliges Gefühl im Bauch zu verschaffen. Denn dass man das kann, entdecken die meisten Kinder in recht frühem Alter. Einige merken freilich, dass das etwas ist, was den Eltern bestimmt nicht recht wäre, deshalb verstecken sie es sorgfältig unter der Bettdecke.

Wenn Ihr Kind lustvoll mit seinem Geschlecht spielt, zeigt es, dass es sich in seinem Körper wohl fühlt und sich gesund entwickelt. Wenn es sich dabei nicht versteckt, zeigt es, dass es Vertrauen zu Ihnen hat.

Vielen Eltern wird es schwer fallen, mit solchen Äußerungen kindlicher Entdeckerlust und Sinnenfreude so unbefangen umzugehen, weil sie selbst anders erzogen, weil sie dafür gescholten und bestraft wurden. Sie können es aber versuchen. Wenn Sie dem Kind statt »das tut man nicht«, »das darf man nicht« sagen, »Mir ist das unangenehm, weil ich so was nicht durfte«, ist schon einiges gewonnen.

Mein Körper gehört mir

Bei aller Lust an ihrem Körper sollen Kinder aber auch wissen: Ich darf alles mit meinem Körper machen, andere dürfen das nicht ohne meine Erlaubnis. Tante Mine darf mich nicht einfach greifen und abküssen, ich brauche auch niemandem die Hand zu geben, wenn ich nicht mag. Das wird manchen unhöflich erscheinen. Aber ein Kind, das gewöhnt ist, solche Ansinnen ablehnen zu dürfen, wird sich auch leichter selbstbewusst wehren, wenn ihm einer unzulässig an die Wäsche will.

Auch Kinder dürfen Grenzen setzen.

Erwachsene, die dem Kind notwendigerweise »an die Wäsche« wollen, der Arzt zum Beispiel oder die Erzieherin, – sollten ihm das ankündigen und klar begründen: »Ich will jetzt deinen Bauch untersuchen« oder »Komm, ich will dir mal die Windel wechseln.«

Beim Arzt muss so manches auch gegen den Willen des Kindes stattfinden, aber das wird immer ausdrücklich von Vater oder Mutter legitimiert.

Manche Kinder, die, solange sie klein waren, unbefangen nackt durch die Wohnung sprangen, fangen irgendwann an, die Badezimmertür abzuschließen, wollen niemanden mehr an sich heranlassen. Das ist ihr Recht, auch wenn die Eltern, die selbst vielleicht keine Scheu vor dem Nacktsein haben, den Grund nicht verstehen. Das gibt sich auch wieder.

Zur Achtung vor der Persönlichkeit eines Kindes gehört auch die Achtung seiner körperlichen Autonomie.

Gemeinsamkeit macht stärker

Verschiedene Altersmerkmale, aber dennoch direkter persönlicher Kontakt. Eine Gruppe besitzt ihre intime Wesensart.

Der Mensch ist von Geburt an ein geselliges Wesen. Jedes Kind kommt mit einer erstaunlich differenzierten Fähigkeit auf die Welt, sich mitzuteilen und auf andere zu reagieren. Jeder Mensch braucht für seine seelische Gesundheit die Gewissheit, ein wichtiges und anerkanntes Mitglied einer Gemeinschaft zu sein. Für andere wertvoll zu sein, anderen helfen zu können schafft gute Gefühle, die sogar das körperliche Immunsystem stärken. Fest in ein Netz sozialer Beziehungen eingebunden zu sein schützt vor überhand nehmenden Gefühlen von Isolation und Sinnlosigkeit, die zum Beispiel bei Menschen mit schweren Ängsten und Depressionen immer wieder anzutreffen sind. Unterstützen Sie Ihr Kind dabei, Freunde zu finden. Laden Sie die Freunde zum Mittagessen, zum Übernachten ein. Schenken Sie Ihrem Kind einen Schlafsack, damit es auch bei anderen übernachten kann, ohne dass ein großer Aufwand nötig ist.

Kinder brauchen Gemeinschaft

Die soziale Einbindung beeinflusst auch die Leistungen in der Schule. Wer gute Freunde hat, hat eher gute Zensuren. In einer groß angelegten Langzeitstudie fand man heraus, dass Kinder, die als Jugendliche drogenabhängig wurden, schon im Kindesalter dadurch auffielen, dass sie keine guten Beziehungen zu anderen aufbauen konnten, in sozialen Kontakten unzuverlässig und misstrauisch waren, von anderen oft für stur und unkooperativ gehalten wurden.

Zwar ist die Bereitschaft und die Fähigkeit, sich anderen zuzuwenden, sich sozial zu verhalten, wohl angeboren, aber die sozialen Fähigkeiten müssen von klein auf auch durch Lernen ständig entwickelt und gefördert werden.

Kinder mögen Kinder

Schon Babys sind von der Anwesenheit anderer Kinder fasziniert. Einjährige spielen einfache Spiele miteinander wie Vormachen und Nachmachen, Verstecken und Suchen. Sie trösten sich gegenseitig, und sie schließen Freundschaften, wenn sie häufig beieinander sind.

Freilich brauchen so Kleine für ihre Kontakte die schützende Hilfe Erwachsener, weil sie sich genau so eifrig mit dem Finger in die Augen gehen oder sich ein Spielzeug über den Kopf hauen. Das hat mit Aggression zunächst nichts zu tun. Sie können noch nicht verstehen, dass sie selbst damit Ursache für den Schmerz eines anderen sind. Aber diese frühen Kontakte zu anderen Kindern bringen ihnen viele wichtige Erfahrungen. Und auch für die oft recht isoliert lebenden Mütter sind Krabbelgruppe, Babyturnen oder Spielplatz willkommene Gelegenheiten für entlastende Gespräche, Gelegenheit, Bekanntschaften zu knüpfen, gegenseitige Hilfe zu organisieren.

Manche Babys lachen zum ersten Mal richtig auf, wenn sie ein kleines Kind sehen. Wie es scheint, besteht eine Urverbundenheit unter dem Nachwuchs.

Kinder lernen voneinander

Ältere Kinder, Zwei-, Dreijährige, brauchen nicht mehr ständig die geballte mütterliche Fürsorglichkeit bei ihren sozialen Kontakten. Sie wollen allein probieren. Die anderen Kinder sind nicht fürsorglich, nehmen keine Rücksicht, wollen nicht belehren. Das ist nicht nur von Nachteil, das erweitert auch den Horizont.

Wo Kinder verschiedenen Alters zusammen sind, lernen Größere Rücksicht auf Kleinere zu nehmen, Kleinere gucken sich viel von den Größeren ab. Fürs Dreiradfahren, Klettern,

Türen aufmachen sind nur wenig ältere Kinder oft die besten Lehrmeister. Sie kennen genau die Schwierigkeiten, die eine Sache macht, haben sie diese doch vor kurzem erst selbst überwunden. Und sie sind nicht so entmutigend überlegen.

Deftiges Repertoire

Allerdings lernen Kinder voneinander nicht nur Rücksichtnahme und Türen aufmachen, sondern auch Schimpfworte und Dummheiten. Das gehört dazu. Was wäre ein Kinderleben ohne Dummheiten und ohne Erwachsene, die sich darüber ärgern?

Kurz gesagt: Kinder brauchen Kinder von Anfang an. Sie brauchen einander nicht nur, um voneinander zu lernen, sondern auch, um miteinander Dummheiten zu machen.

Raus aus der Kleinfamilie

In unserer Gesellschaft herrscht die Kleinfamilie aus Eltern und ein oder zwei Kindern. Sie erweitert sich meist durch die verheirateten Kinder. Die Sippe als Verwandtenverband hat an Bedeutung eingebüßt.

Kinder brauchen auch mehr als einen oder zwei Erwachsene, deren Verhalten sie erforschen, mit denen sie sich arrangieren oder auseinander setzen können. Aber wo können Kinder heute noch unbegleitet Erwachsene treffen, sie in ihren Wohnungen oder Werkstätten besuchen, ihnen bei der Arbeit zusehen, mit ihnen reden?

Immer mehr Kinder leben, oftmals recht isoliert, in immer kleiner werdenden Familien. Diese bestehen manchmal nur noch aus einem Erwachsenen – Mutter oder Vater – und einem Kind. Für das Kind bedeutet das eine extreme Einschränkung seines sozialen Erfahrungsbereiches.

Diese im Schnitt zwei, drei, vier Menschen einer heutigen Familie sind mit all ihren Gefühlen, ihren Hoffnungen, Sorgen und Launen oft sehr aufeinander bezogen.

Geschwister entzerren die Lage

In einer großen Familie kann man sich mal beim Bruder beklagen, wenn Papa zu viel raunzt, sich hinter der großen Schwester verschanzen, wenn man was ausgefressen hat. Und wenn Eltern drei oder vier zu erziehen haben, entfällt auf einen nicht so viel pädagogischer Eifer. Das bekommt den Kindern meist recht gut. Je kleiner die Familie ist, desto mehr entfällt das alles. Desto dringender wird es, hierfür einen Ersatz zu organisieren – mehr Erwachsene, die mit erziehen, andere Kinder, die einen für eine Weile aus dem Leben als Solitär herausholen.

Kinder brauchen den Kindergarten

Ein organisierter Ersatz für verloren gegangene soziale Kontakte ist heute der Kindergarten. Es ist gut, dass jedes Kind ab drei Jahren einen Rechtsanspruch auf einen Kindergartenplatz hat. Denn spätestens dem Dreijährigen reicht die Krabbelgruppe nicht mehr. Es braucht Kontakte, in denen es sich auch ohne mütterlichen Schutz bewähren kann. Es braucht außerdem so viel Futter für seine Unternehmungslust und Neugier, dass manche Mutter, mancher Vater überfordert ist. Erzieherinnen im Kindergarten sind da oft unerschöpflich – sie haben das ja auch gelernt.

Der Kindergarten für die Betreuung der Drei- bis Fünfjährigen hatte früher kompensatorische Bedeutung, heute soll er das Sozialverhalten fördern.

Viele Kinder erleben heute, dass die Familie, in die sie hineingeboren wurden, zerbricht. Die Menschen, die sie lieb haben, trennen sich, einer verschwindet womöglich ganz aus ihrem Leben. Andere Menschen kommen hinzu, an die sie sich erst gewöhnen müssen, mit denen sie nicht immer zurechtkommen. Wie gut, wenn sie dann noch Wurzeln in einer anderen Gemeinschaft haben, die durch den Zerfall der ersten nicht erschüttert wird.

Auch Mütter brauchen den Kindergarten

Mehr als die Hälfte aller Mütter mit kleinen Kindern sind berufstätig. Die einen, weil sie es wollen. Weil sie ihren Beruf lieben, weil sie sich unglücklich fühlen, wenn sie den ganzen Tag allein mit Haushalt und Kind verbringen sollen. Mit einer unglücklichen Mutter ist keinem Kind gedient.

Andere sind berufstätig, weil sie es müssen. Weil sie ihr Kind allein erziehen und ernähren, weil der Partner arbeitslos ist oder ein Einkommen für die Familie nicht ausreicht.

Die Betreuungsstätte schafft Umgang und Unterhaltung, auch für die Mütter.

In England, in Frankreich, Italien, den Niederlanden besuchen fast alle Kinder einen Kindergarten oder eine Spielgruppe. Die Öffnungszeiten betragen meistens acht Stunden und mehr, darin lässt sich fast jede Arbeitszeit unterbringen. Warum nur geht das bei uns nicht?

Meinungen treffen aufeinander

Viele Kinder gehen gern in den Kindergarten – meistens jedenfalls. Wenn nicht – woran kann es liegen? Was gefällt dem Kind nicht? Was könnte, was müsste geändert werden? Reden Sie möglichst oft mit den Erzieherinnen. Mischen Sie sich ein – unterstützend, aber, wenn es sein muss, auch kritisch. Oder sollten Sie den Kindergarten wechseln?

Kritik am Kindergarten richtet sich meist gegen die unflexiblen Öffnungszeiten. Ständige Sperrzeiten setzen ihn außer Betrieb und machen ihn zu Bedarfszeiten unzugänglich.

Freunde finden

Mit Kindergarten und Schule stehen auch viele neue Freundschaften ins Haus. Manchmal wechseln sie wie das Wetter – die eben noch dickste Freundin ist von einem Tag auf den anderen eine ganz Doofe, mit der die Tochter »niiie« wieder spielen möchte. Andere sind beständiger. Aber die Dauer allein sagt noch nichts über die Intensität.

Die Fähigkeit, soziale Kontakte zu knüpfen und Freunde zu finden, ist in ihrer Bedeutung kaum zu überschätzen und verdient von Eltern alle nur mögliche Unterstützung. Freunde, mindestens einen Freund, eine Freundin zu haben, schützt gegen viele Widrigkeiten des Kinderlebens. Kaum etwas belastet ein Kind mehr als unbeliebt, als Außenseiter zu sein.

Verzichten Sie lieber für einige Jahre auf einen gepflegten Garten, eine aufgeräumte Wohnung, riskieren Sie lieber Ärger mit Hauswirt oder Mitbewohnern, aber ermöglichen Sie es Ihrem Kind, seine Freunde mit nach Hause zu bringen.

Eltern sehen Freundschaften oft mit Misstrauen

Ein Tag, an dem der Freund oder die Freundin mit nach Hause kommt, hat seine eigenen Regeln. Das Kind will sich schließlich nicht blamieren und »uncool« zeigen. Eltern erleben, dass Kraftausdrücke und unmanierliches Benehmen um sich greifen wie die Masern. Und schuld daran sind natürlich immer die anderen, einige ganz besonders. Die Maßstäbe für die Qualitäten von Freunden sind oft recht verschieden. »Das ist ein netter Junge, mit dem musst du öfter spielen«, sagt eine Mutter vielleicht, nachdem der neue Spielgefährte gerade das Haus verlassen hat. »Er hört, wenn man sagt, dass ihr aufräumen und Schluss machen sollt, er grüßt nett und putzt sich ordentlich die Füße ab«. Aber die Tochter findet ihn vielleicht »ziemlich madig«. Er hat andauernd erzählt, dass sein Zimmer größer ist, dass er mehr Computerspiele hat und einen eigenen Fernseher. Und alles, was die Freundin spielen wollte, fand er blöd – er wollte immer der Bestimmer sein. Die Tochter spielt lieber mit dem Nachbarsjungen – wild, laut und meistens ziemlich angeschmutzt. Wenn er geht, sieht das Kinderzimmer aus wie eine Räuberhöhle. Aber er ist immer voller Ideen, die die sonst eher stille, ängstliche Tochter faszinieren. Neulich ist sie mit seiner Hilfe sogar auf einen Baum geklettert.

Erinnern Sie sich an die eigene Kindheit. Taxierende Blicke und bohrende Schulfragen beim Freundesbesuch außer Haus. Erst recht, wenn der Vater nach Hause kam und seine Ruhe wollte, dann war die Stippvisite gelaufen.

■ Kinder wählen die Freunde selbst

Wir tun gut daran, die Spielgefährten unserer Kinder möglichst unbefangen mit deren Augen anzusehen. Was mag, was hat das Kind gerade an ihm oder an ihr?

Machen wir uns frei von der überheblichen Vorstellung, wir könnten am besten beurteilen, welcher Kontakt für unser Kind gut sei und welcher nicht. Kinder müssen selbst, nach eigenen Sympathien entscheiden, wen sie mögen, mit wem sie spielen wollen und mit wem nicht. Nur so können sie ihre sozialen Fähigkeiten entwickeln und lernen, verlässliche Freundschaften aufzubauen.

Unter sich sein

Eltern sind heute anders. Sie wollen mit ins Open Air und tragen dieselbe Kleidung wie ihre Kinder. Schenken Sie ihnen trotzdem ein wenig mehr Distanz.

Kinder heute sind fast ausnahmslos unter Aufsicht. Das mindert die Risiken, beschneidet aber auch sehr wichtige Erfahrungen.

Sozialforscher betonen schon lange, wie wichtig der unreglementierte Umgang von Kindern untereinander für deren soziale Entwicklung ist. Wir Erwachsenen, Eltern, ErzieherInnen, LehrerInnen geben die großen Linien vor, machen mit den Prinzipien vertraut. Aber ausprobieren und einüben müssen das die Kinder untereinander. Wie verhandle ich mit einem anderen Kind, damit es mit mir spielt? Wie weit darf ich meinen eigenen Kopf durchsetzen, wo muss ich nachgeben, wenn wir zusammen spielen wollen? Wie weit darf ich einen anderen ärgern, bis ich was auf die Mütze kriege? Wie streitet man sich am effektivsten, und wie verträgt man sich wieder? Wie weit ist Spaß, und wann wird es Ernst?

Abseits vom Tugendwächter

Erwachsene, die einer Meute »Straßenkinder« zuhören, registrieren vor allem, dass es sehr laut zugeht. Einer überschreit den anderen, es wird geschimpft und angegeben, es fallen unanständige Ausdrücke. Und eine »vernünftige« Beschäftigung scheint dabei oft nicht herauszukommen. Also setzen die Eltern solche Kontakte gleich mit vertaner Zeit und schlechtem Einfluss. Da suchen sie lieber nach pädagogisch geleiteten Freizeitaktivitäten, wo die Kinder von der Straße sind und etwas Sinnvolles tun – Töpferkurs, Judo, Musikunterricht. Aber bei diesen Aktivitäten ist eben alles vorgegeben. Wer wen trifft, was man zusammen tut, wie man es tut. Und über die Einhaltung sozialer Regeln wacht ein Erwachsener. Da kann man höchstens mal jemanden heimlich treten oder ihm sein Werkzeug verstecken.

Wo kein Erwachsener organisiert, müssen Kinder die Regeln für ihr Zusammenspiel selbst finden. Sie müssen die Balance hinkriegen zwischen dem Durchsetzungsstreben jedes Einzelnen und der Notwendigkeit, sich zusammenzuraufen, weil sie sonst nicht gemeinsam spielen können. Also wird verhandelt, spielen Einzelne sich auf, werden von anderen übertrumpft oder niedergeschrien, werden Vorschläge gemacht und ausgehandelt. Das ist nun mal laut, wenn man jung ist, und es ist das eigentlich Wichtige an der Sache. Was und wie lange gespielt wird, ist weniger wichtig.

Im Eifer des Gefechts

Auseinandersetzungen unter Kindern gehen oft handgreiflich vor sich. Da wird in Wut und heftiger Emotion schnell mal geschubst oder gehauen. Und das mögen Erwachsene nicht. Aber bis Kinder gelernt haben, sich nur mit Worten auseinander zu setzen, vergehen einige Jahre.

Allerdings ist es wichtig, dass Eltern und Lehrer den Kindern die Grundregeln der Fairness, den Ehrenkodex vermitteln, den sie auch im Eifer des Gefechts einhalten müssen:

- Nicht mehrere auf einen.
- Nicht gegen offensichtlich Schwächere.
- Nicht mit harten oder spitzen Gegenständen aufeinander losgehen.
- Nicht treten, zumal nicht an den Kopf.
- Sofort aufhören, wenn einer abklopft, nicht mehr kann oder keine Lust mehr hat.

Der Rest gehört zum Kinderleben, und eine Schramme ist kein Beinbruch.

Verzichten Sie auf die Drohung mit dem Richter, wenn einmal eine Nase blutet. Was Kodex gehört, ist kaum einklagbar. Leider zeigt das Fernsehen permanent, wie cool es ist, in Gesicht oder Weichteile zu schlagen oder eine Waffe vorzustrecken.

Unausgelebtes Rabaukentum entlädt sich jede Sekunde auf den Autobahnen oder anderen Rennpisten sowie wöchentlich in Stadien. Die große Frage unserer Zeit lautet: Wie steuert man dem entgegen?

Oft haben die größten Schreihälse das Sagen

Dass Grobheit siegt, geht Eltern auf die Nerven. Sie möchten, dass Rücksicht auf die Schwächeren genommen wird, dass auch die Stilleren zu ihrem Recht kommen. Wie sollen aber die Stilleren und Schwächeren lernen, ihre Rechte durchzusetzen, wenn das immer Erwachsene für sie übernehmen? Wie sollen die Schreihälse lernen, dass sie als Stärkste auch Verantwortung für Schwächere haben, wenn immer Erwachsene in der Nähe sind, die die Verantwortung übernehmen? Es muss uns klar sein, dass wir mit unserem Bestreben, ja alle Risiken zu vermeiden, auch große Nachteile in Kauf nehmen, dass wir Kindern Erfahrungsmöglichkeiten beschneiden, die sie dringend brauchen. Bei allem Bedürfnis nach Absicherung müssen wir Kindern wieder mehr Spielraum schaffen, wo sie nicht ständig dem Erziehungsbedürfnis und der kritischen Kontrolle durch Erwachsene ausgesetzt sind. Selbst wenn wir uns zur Sicherheit in Rufnähe halten, müssen wir uns nicht in jeden Quark einmischen.

- Wo können Kinder noch ohne Verabredung nach Spielgefährten suchen, ohne in den gefährlichen Verkehr zu geraten?
- Wo gibt es noch Gebüsche, in denen die Kinder Höhlen bauen und sich den Blicken der Erwachsenen entziehen können?
- Wo gibt es Raum für Abenteuer, für Angst und Mut und Bewährungsproben, die man einfach bestehen muss?
- Wo dürfen Kinder krakeelen, ohne dass sich Erwachsene über den Lärm beschweren?
- Warum ziehen wir hohe Zäune um Grundstücke, damit ja die jeweils zugehörigen Kinder sauber sortiert und kontrolliert in ihrem Geviert bleiben?

Je mehr Zutrauen wir in die Fähigkeit der Kinder setzen, ihre Beziehungen untereinander selbst zu regeln, desto eher werden sie das auch lernen. Je weniger wir den Anspruch erheben, jeden Schritt der Kinder zu kontrollieren, desto eher werden sie uns ins Vertrauen ziehen, wenn wirklich mal etwas Kritisches passiert.

Kinder brauchen Gesprächspartner

Genau so dringend wie Gleichaltrige brauchen Kinder aber auch Erwachsene. Menschen mit unterschiedlichen Funktionen und Eigenheiten, auf die man sich einstellen muss. Lose Bekannte, aber auch eng vertraute Erwachsene. Menschen, mit denen man über alles reden kann. Wo man Antwort auf bohrende Fragen, wo man Verständnis auch für Nöte und Schwächen findet, die man sonst niemandem offenbaren mag. Damit Eltern von Kindern als solche Gesprächspartner akzeptiert werden, müssen sie das, was Kinder sagen, ernst und wichtig nehmen.

Kleine Kinder sind köstliche Erzähler, später geben sie gehörte Weisheiten wider und werden in der Pubertät wortkarg. Als Erwachsene reden sie dann nur wie Erwachsene.

Zu oft verlaufen Gespräche zwischen Eltern und Kindern wie der Verkehr auf Einbahnstraßen. Wir sprechen nicht mit den Kindern, sondern zu ihnen. Wir sagen ihnen, was sie tun und lassen sollen, wir loben und kritisieren, wir erzählen, erklären, predigen. Ob und was die Kinder antworten, ist nicht so wichtig. Wenn die Kinder das Predigen satt haben, klappen sie die Ohren zu und hören einfach nicht mehr hin.

Kinder haben so viel zu sagen

Wenn man ihm nur aufmerksam zuhört, ist der Dialog mit einem Kind hochinteressant, weil kaum Vorgefertigtes in seiner Rede enthalten ist. Da stellt eines eine Frage, von der wir nicht so recht wissen, wohin sie zielt, was sie bezweckt. Die einfache Rückfrage »Was denkst du denn?« kann uns helfen, die Gedankengänge des Kindes besser zu verstehen und unsere Antwort darauf zu beziehen.

Oft wehren sich Kinder gegen etwas, was wir von ihnen erwarten. Viele dieser Streitigkeiten lassen sich vermeiden, wenn wir sie nach den Gründen fragen und ernsthaft auf ihre Einwände und Vorstellungen eingehen.

Zweijährige benutzen noch gern die Zeichen-, Finger-, Gesten- und Mienensprache.

Bitte ohne pädagogischen Senf

Wenn ein Kind uns etwas erzählt, sind wir oft mit einem pädagogischen Kommentar zur Hand, ohne genau zugehört, ohne recht begriffen zu haben, was das Kind eigentlich ausdrücken will. Zwischen den Worten teilen wir ihm so mit: »Ich weiß das sowieso besser«. Beim nächsten Mal hält es dann lieber gleich den Mund. Ermutigendes Nachfragen würde ihm zeigen: Ich versuche, dich zu verstehen.

Viel zu oft reden wir von oben herab

Dieser Satz gilt im übertragenen und im wörtlichen Sinne. Wie würden Sie sich fühlen, wenn Sie zu einem Gesprächspartner immer aufsehen müssten? Gehen Sie, wenn Sie mit einem kleinen Kind reden, in die Hocke, sodass Ihr Gesicht seinem gegenüber ist. Das hat auch symbolische Wirkung.

Die Fähigkeit zum Gespräch entwickelt sich durch den Gebrauch. Versuchen Sie, wenigstens die abendliche Gesprächsrunde beim gemeinsamen Essen zu halten.

Es ist nicht wahr, dass unsere Sicht der Dinge immer die richtige ist. Versuchen Sie, sich in die Gedankenwelt eines Kindes hineinzufühlen, versuchen Sie, sich in seine Schuhe zu stellen, indem Sie ohne Überheblichkeit zuhören und nachfragen.

Immer mehr Schwierigkeiten mit der Sprache

Kinder haben heute Sprachfehler, weil zu wenig mit ihnen gesprochen wird. Sprechen lernt man viel besser durch Selbersprechen, nicht nur durch Zuhören, das rauscht so vorbei. Es macht Spaß zu sprechen, wenn andere darauf erfreut und erfreulich reagieren. Und wenn sie sich Zeit nehmen, um geduldig abzuwarten, bis das Kind alles ausgedrückt hat, was es ausdrücken wollte.

Nur ein Kind, mit dem viel gesprochen wird, lernt das, was es denkt und fühlt, gut verständlich auszudrücken. Ein Kind, das sich richtig ausdrücken kann, findet auch bei anderen leichter Verständnis. Ein Kind, das Verständnis findet, ist besser geschützt gegen Gefühle der Isolation und Einsamkeit.

Kinder brauchen eine Familie

Kinder brauchen Menschen, die bereit sind, sich ganz und gar und auf Dauer verlässlich auf sie einzulassen. Bei denen sie das sichere Gefühl erwerben können, dass sie willkommen und geliebt sind, dass die Welt und sie selbst gut sind.

Kinder brauchen Menschen, die zu ihnen stehen, komme, was da wolle. Bei denen sie Kummer abladen können, Rat und Hilfe finden, sich nicht ständig von ihrer besten Seite zeigen müssen. Wo sie auch mal klein, schwach, unausstehlich sein dürfen, ohne dass ihnen das ständig vorgerechnet wird. Menschen, die ihnen zeigen, dass sie wichtig sind.

Mindestens ein Mensch muss das sein, besser aber zwei, und noch ein paar drum herum.

Die Familie wird gern als Packschiff mit negativen Begleitvorstellungen überfrachtet. Dennoch ist sie ein Ort, der jeden darin stabil macht.

Familienallerlei

Was ist eine Familie? Früher war die Antwort einfach – Vater, Mutter, miteinander verheiratet, dazu eines oder mehrere Kinder, vielleicht auch noch Großeltern. Es gab höchstens vollständige und unvollständige, intakte und »zerbrochene« Familien. Und wie sieht es heute aus? Viele Eltern heiraten inzwischen nicht mehr, wenn sie Kinder bekommen. Dabei kann man aber keineswegs sagen, dass Ehen ohne Trauschein weniger lange halten.

Eltern, die sich trennen, finden sich mit neuen Partnern zusammen, die vielleicht auch schon Kinder haben. Mehrere Alleinerziehende wohnen zusammen, ziehen die Kinder gemeinsam groß. Dann gibt es noch Pflegefamilien und Adoptivfamilien. Und selbst in Heimen sind die Gruppen klein und familienähnlich gegliedert.

Familie ist überall da, wo Erwachsene und Kinder auf Dauer zusammen leben. Jede dieser Familienarten ist so »richtig« wie die andere, wenn es den Betroffenen gut geht, wenn vor allem die Kinder die Zuwendung, die Sicherheit darin finden, die sie brauchen.

Welche Eltern sind die richtigen?

Eltern sind Menschen, zu denen Kinder eine warme, vertrauensvolle Bindung entwickeln, die sich auf ein Kind dauerhaft einlassen. Eine solche Bindung kann genauso bestehen zu einem »mitgebrachten« wie zu einem blutsverwandten Kind. Und sie muss sich nicht ändern, falls die Eltern die Partner wechseln.

Ehen ohne Trauschein werden heute genauso selbstverständlich gelebt wie die formell abgesegneten. Die einen halten so lange oder so kurz wie die anderen. Im Interesse der Kinder liegt es allerdings, dass solche Partnerschaften möglichst stabil bleiben, nicht ohne zwingende Gründe wieder aufgegeben werden. Viele junge Leute neigen heute dazu, schnell auseinander zu laufen, anstatt sich auseinander zu setzen, sich zusammenzuraufen, vielleicht auch einige Schwächen und Marotten des anderen einfach zu ertragen.

Allein erziehen

Als Elternindividuum eignet sich jeder Erwachsene, der bereit und fähig ist, die Sorge für die Person des Kindes zu übernehmen.

Sehr viele Mütter, zunehmend auch Väter, ziehen Kinder allein groß. Während Vätern dafür in ihrer Umwelt eher Bewunderung gezollt wird, sind alleinerziehende Mütter allerlei Vorurteilen ausgesetzt. Fällt ihr Kind in der Schule oder in der Öffentlichkeit unangenehm auf, weiß man schnell, woran das liegt: »Da fehlt halt der Vater.«

Aber dieser unterschwellige Vorwurf ist unberechtigt. Es gibt keine Belege dafür, dass Kinder Alleinerziehender grundsätzlich seelischen Mangel leiden, anfälliger für Fehlentwicklungen sind.

Allerdings ist ein Erwachsener, der ein Kind oder gar mehrere allein erzieht, dadurch sehr stark belastet. Und die sozialen Beziehungen in dieser Kleinstfamilie sind extrem reduziert, wenn nicht bewusst durch Verwandte und gute Freunde für Ausgleich gesorgt wird. Alleinerziehende sind dem Stress, Kinder und Beruf unter einen Hut zu bringen, in besonderem Maße ausgesetzt. Viele alleinerziehende Mütter, die wegen der Sorge für die Kinder den Anschluss im Beruf verlieren, müssen mit sehr wenig Geld auskommen, werden Sozialhilfe-abhängig.

Bedingungen für das Alleinerziehen

Ständige Überlastung, finanzielle Not, emotionale Überfrachtung der Beziehung, permanente Abwehr gegen Schuldgefühle mögen in dieser Konstellation häufiger auftreten und die Entwicklung eines Kindes belasten. Aber auch in der Zweieltern-Familie gibt es Belastungen, zum Beispiel ständigen Streit, die wiederum bei Alleinerziehenden wegfallen. Ich wünsche jedem/jeder Alleinerziehenden gute, zuverlässige Freunde und Angehörige, die helfend und entlastend einspringen, bei denen sie auch Frust abladen, mit denen sie schwierige Situationen besprechen können.

Streit gibt es auch in guten Familien

Etwa jede dritte Ehe wird heute wieder geschieden. Wie viel Paare ohne Trauschein, aber mit Kindern sich wieder trennen, wird gar nicht erfasst. Deshalb hört fast jedes Kindergarten- oder Schulkind irgendwann von Eltern, die sich trennen, erlebt Kinder, die darunter leiden. Da kommt, sobald zu Hause mal der Haussegen schief hängt, bei Kindern schnell die Angst auf: Ihr etwa auch?

Dass der Haussegen wackelt, lässt sich nicht immer vermeiden. Den Streit vor den Kindern zu verleugnen, ist nicht empfehlenswert. Sie merken es ja doch, wenn Mutter rote Augen hat und Vater verbissen schweigt. Und düstere Wolken ohne Namen ängstigen mehr als eine klare Information. Sicher werden Sie nicht immer Auskunft geben wollen über den genauen Inhalt Ihres Streits. Aber die Information: »Wir haben uns gestern Abend gestritten, und jetzt sind wir beide sauer«, die sind Sie Ihren Kindern schon schuldig.

Wenn ein Elternteil beginnt, das Zusammenleben in der Familie abzulehnen, zieht er einen Rattenschwanz von juristischen Beschlüssen hinter sich her. Dies alles versagt ihm oft, einen guten Kontakt zum Kind zu halten.

Vielleicht verhilft es aber auch Ihnen zu mehr Klarheit, wenn Sie älteren Kindern gegenüber versuchen, den Kern der Auseinandersetzung leicht verständlich zusammenzufassen. »Ich bin wütend, weil Vati so viel Geld ausgegeben hat, ohne das mit mir zu besprechen« – und wie sind Sie dabei auf den Flirt aus dem letzten Urlaub gekommen, der den Streit so in die Länge gezogen hat?

Kinder, die einen Streit miterlebt haben

Wichtig ist, dass die Kinder, die durch elterlichen Streit beunruhigt waren, auch an der Versöhnung teilhaben dürfen. Dass sie auch die Versuche sehen, Fehler wieder gutzumachen, Wiederholungen möglichst zu vermeiden. Sie verstehen dann, dass beileibe nicht jede vorübergehende Eintrübung, nicht jede heftige Auseinandersetzung gleich zur Trennung führen muss. Das hilft ihnen gegen die Angst, ihre Eltern könnten sich entzweien. Außerdem lernen sie dabei selbst, wie man Konflikte austragen kann, ohne sich zu sehr zu verletzen, wie man wieder gutmacht, wenn man sich einmal daneben benommen hat. Auch Streiten muss man nämlich erst nach und nach lernen.

Manchmal ist Trennung das kleinere Übel

Ein Trost für Eltern, die sich trennen wollen: Kinder leiden meist nicht in dem Maße, wie es der jeweils Abtrünnige oder beide Partner tun – sie haben sich ja nicht entzweit.

Wenn allerdings Streit zum Dauerzustand wird, wenn da keine gemeinsame Basis mehr ist für den Versuch, sich zusammenzuraufen, wenn eine(r) »um der Kinder willen« nur noch leidet und einsteckt, ist Trennung dann doch das kleinere Übel. Es ist unbestreitbar, dass Kinder leiden, wenn Eltern sich trennen. Sie leiden aber auch, wenn sie bösartigen Streit, Gewalt, eisige Kälte oder stille Verzweiflung ertragen müssen. In einer solchen Atmosphäre können sie nicht gedeihen.

Eltern, die sich trennen, sollten versuchen, das so fair wie möglich zu vollziehen. Trotz verständlichen Zorns sollten sie den anderen nicht als allein Schuldigen hinstellen, nicht versuchen, sich die Kinder zu Verbündeten in ihren Auseinandersetzungen zu machen, sie gegen den Partner einzunehmen. Kinder geraten in einer solchen Situation ohnehin in heftige Gefühlskonflikte. Dürfen sie jetzt nur noch einen lieb haben? Und wem sollen sie mehr glauben? Ist Mutter böse, wenn sie nach wie vor Vaters Nähe suchen?

Wie ein Mensch auf einer zerbrechenden Eisscholle

Kinder einer scheiternden Partnerschaft fühlen sich wie auf einer Scholle, deren zwei Teile auseinander driften. Auf welchen Teil sollen sie springen? Was hilft gegen die Angst, mittendrin ins eisige Wasser zu fallen?

Die meisten Kinder sind auch überzeugt, dass sie selbst Schuld haben am Zerwürfnis der Eltern – weil sie nicht lieb genug waren, weil sie dem, der fortgeht, Unrecht getan haben, weil sie Anlass für Streitigkeiten waren. Sie fühlen sich als Betrüger am einen, wenn sie den anderen immer noch lieb haben. Sie machen oft verzweifelte Versuche, die Zerstrittenen wieder zu versöhnen. Jeder Tag ohne Streit, jedes Treffen nach der Trennung nährt aufs Neue die Hoffnung, es könnte doch noch alles wieder gut werden.

Partner trennen sich, Eltern bleiben Eltern

Das Gefühlschaos der Kinder bei einer Trennung der Eltern könnte den Schluss nahelegen, eine schnelle und radikale Trennung sei die beste Lösung. Wenn beide Partner oder einer von beiden die im Interesse der Kinder nötige Fairness nicht aufbringen, wenn Gewalt im Spiel ist, ist sie das womöglich auch. So wie manchmal auch eine Amputation noch die beste aller schlimmen Möglichkeiten ist. Aber im Allgemeinen wünsche ich betroffenen Kindern, dass sie weiterhin Kontakt zu beiden Eltern haben dürfen, dass sie nicht ihre Zuneigung für die eine vor dem anderen verbergen oder gegen ihre innere Stimme Partei ergreifen müssen. Beide bleiben doch nach wie vor die Eltern ihrer Kinder, auch wenn sie füreinander nicht mehr Partner sein wollen.

Ähnlich und doch ganz anders verhält es sich mit klammernden Eltern, die die Trennung vom Kind nicht verkraften. Wie viele 25-Jährige leben heute noch mit Vater und Mutter zusammen.

Gegen falsche Hoffnungen

Klare Worte sind nach einer Trennung notwendig, damit die Kinder die Endgültigkeit dieser Entscheidung begreifen. »Wir wollen versuchen, Freunde zu bleiben, wir haben noch vieles zusammen zu regeln, wir treffen uns euretwegen gelegentlich, aber zusammen leben wollen wir nicht mehr.«

Den richtigen Weg finden heißt, Standort und Ziel zu bestimmen, sich zu informieren und dann zu suchen.

Wer da wem emotionale Kälte oder eine andere Liebschaft vorwirft, da halten Sie die Kinder bitte heraus. Das sind Themen, mit denen sie noch nicht umgehen können. Erklären Sie den Kindern bei vielen Gelegenheiten und unmissverständlich, dass sie nicht schuld sind an Ihrem Zerwürfnis. Haben Sie Ihrerseits kein schlechtes Gewissen, wenn die Kinder auf die Trennung mit auffälligem Verhalten reagieren, auf das Sie dann im Kindergarten, in der Schule angesprochen werden. Sie haben Ihre Entscheidung gefällt, so wie es Ihnen als die bessere erschien. Je selbstbewusster und optimistischer Sie damit umgehen, desto besser können Sie Ihren Kindern helfen, mit der Trennung fertig zu werden. Das ist sicher nicht leicht, wenn Sie selbst noch schwer an den Folgen tragen. Laden Sie Ihre eigenen Zweifel aber nicht den Kindern auf. Damit sind sie überfordert. Suchen Sie sich erwachsene Freunde, die Ihnen bei der Bewältigung helfen. Damit Sie besser Ihren Kindern helfen können.

Kinder brauchen Orientierung

Es ist ein allen Menschen innewohnendes Grundbedürfnis, im Leben einen Sinn zu suchen, eine Ordnung zu erkennen, in der man für sich selbst einen Platz finden kann. Das Gefühl, dass das Leben sinnlos, man selbst unwichtig und überflüssig ist, gefährdet wie kaum ein anderes die seelische Gesundheit. Viele Menschen versuchen, dieses Gefühl innerer Leere und Bedeutungslosigkeit durch Suchtmittel zu betäuben.

Dem Leben einen Sinn geben

Das erste, was dem Leben eines Kindes Sinn und Halt gibt, ist die feste Überzeugung: Meine Eltern sind froh darüber, dass es mich gibt. Ich bin für meine Eltern wertvoll.

Für den heranwachsenenden jungen Menschen ist es wichtig, dass die Gemeinschaft für ihn einen Platz bereit hält, auf dem er nach seinen Fähigkeiten einen sinnvollen Beitrag zu einem Ganzen leisten kann.

Die rohe Botschaft

Leider müssen viele junge Menschen auf dem beruflichen Sektor heute mit der gesellschaftlichen Botschaft aufwachsen: Ob du erwachsen wirst oder nicht, ist gleichgültig. Wir brauchen dich nicht. Und das schmerzt sehr. Um so wichtiger ist es, dass sie andere Bereiche haben, wo sie sich wertvoll fühlen können, andere Wege finden, die ihrem Leben Sinn und Orientierung geben.

Reden über Gott und die Welt

Kinder fragen ihren Eltern Löcher in den Bauch – sie wollen ergründen, was die Welt zusammenhält, wer sie gemacht hat und nach welchen Regeln alles funktioniert. Es ist wichtig, dass sie immer jemanden finden, der geduldig mit ihnen nach Antworten sucht, auch wenn er manchmal sagen muss: »Das weiß ich auch nicht«. Aber auch die eigenen Gedanken, Vorstellungen, Unsicherheiten und Zweifel sind es wert, ausgedrückt zu werden. So lernt das Kind, dass es nicht auf alles klare Antworten gibt, dass es aber wichtig ist, immer weiter nach Antworten zu suchen.

Sinnkrisen sind normale, zum Glück vorübergehende Phasen in einem Leben. Die erste dieser Erschütterungen entsteht beim Eintritt in die Erwachsenenwelt.

Glaubhaft vorgelebte Überzeugungen

Es ist wichtig, mit Kindern auch über die eigenen Überzeugungen, Ideale und Lebensentwürfe zu sprechen. Noch wichtiger aber ist das, was ich ihnen vormache. Beides muss zueinander passen, eines wird erst verständlich oder glaubwürdig durch das andere. Eltern, die selbst einen sinnvollen Platz im Leben gefunden haben, die religiös gebunden sind, sich politisch oder sozial engagieren, allerlei Interessen nachgehen und sich selbst Ziele setzen, haben es leichter, diese Grundhaltung auch an ihre Kinder weiterzugeben.

Es hat wenig Sinn, Kindern Ideale zu predigen, an die man sich selbst im Alltag nicht hält.

➤ Den andersgläubigen Klassenkameraden des Kindes freundlich und respektvoll aufzunehmen ist wichtiger als das Reden über Toleranz.

➤ Der selbst besuchte Volkshochschulkurs überzeugt mehr als eine Predigt über die Notwendigkeit lebenslangen Lernens.

Ideale sind nicht erblich

Hohe Ziele werden von Jugendlichen gern über längere Zeit beiseite gestellt. Sie wollen erst das Leben und auch Irrwege kennen lernen.

Heranwachsende Kinder werden die religiösen, politischen Überzeugungen ihrer Eltern oft nicht mehr teilen. Trotzdem werden Grundhaltungen, die sie von klein auf kennen gelernt haben, weiter wirksam bleiben. Sehr viele junge Menschen bleiben doch in ihrem Engagement, in ihrer Zielsetzung den Idealen der Eltern ähnlich. Wessen Eltern bereit waren, für ihre Überzeugungen auch gegen den Strom zu schwimmen, der wird selbst später eher den Mut haben, nein zu sagen, selbst wenn fast alle um ihn herum ja sagen. Es ist nicht wichtig, dass Eltern ihre Kinder von den eigenen Idealen überzeugen. Wichtig ist, dass sie sie durch eigenes Beispiel von der Notwendigkeit überzeugen, eigene Ideale zu entwickeln und sich für die auch zu engagieren.

Nicht Rambo, sondern Pippi Langstrumpf

Eltern, die hören, sie sollten ihre Kinder Ich-stark und selbstbewusst machen, äußern manchmal Bedenken. Sie fürchten, ihr Kind könnte so ein rücksichtsloser Ellenbogentyp werden, der von den eigenen Qualitäten und Rechten so überzeugt ist, dass er anderes daneben gar nicht bemerkt oder nicht gelten lässt. So ein Kind möchte niemand. Aber so ein Rambotyp, der ständig lautstark beweisen muss, dass er der Größte ist, der ist nicht selbstsicher. Der schreit so laut, weil er das eigene Gefühl von Minderwertigkeit und Unterlegenheit niederschreien muss. Der muss auf Schwächeren herumtreten, um sich wenigstens relativ als der Stärkere fühlen zu können. Der ruht nicht in sich selbst, der rennt ständig einem Leitbild nach, das er nie erreicht.

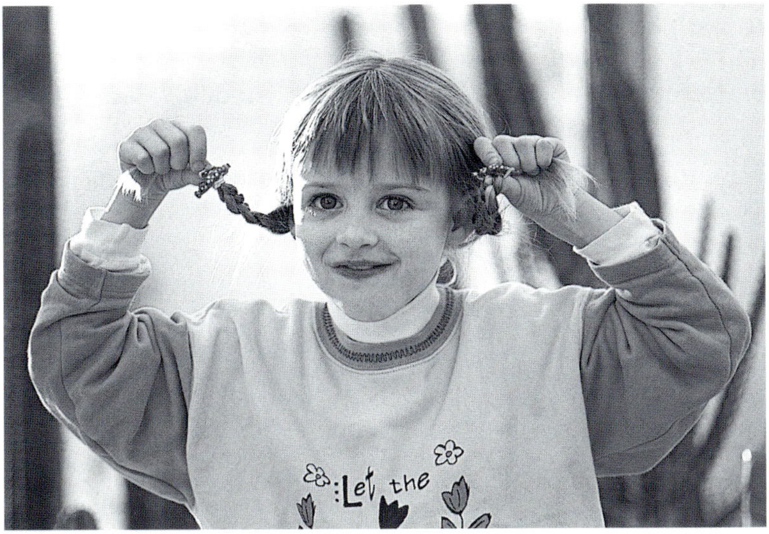

Zwei mal drei macht sechs, widewidewitt und drei macht neune, ich mach mir die Welt, widewidewie sie mir gefällt.

Das Mädchen aus der Villa Kunterbunt

Wenn ich von stark und selbstbewusst rede, habe ich ein anderes Bild im Kopf. Dieses Wunschbild heißt Pippi Langstrumpf – was für ein Kind! Zugegeben, dieses Mädchen trotzt jeder Autorität und kann ordnungsliebende Erwachsene zur Verzweiflung treiben. Es lebt in heilloser Unordnung, macht die Nacht zum Tage, ist ungebildet und hat keinerlei Manieren. Aber es hat ein waches Gewissen, es hilft Bedrängten und mischt sich ein, wenn irgendwo Unrecht geschieht. Es ist selbstsicher und unbestechlich bei der Beurteilung dessen, was Recht und Unrecht ist. Im sozialen Umgang ist es sehr offen, ehrlich, freundlich und kontaktfreudig. Bei Konflikten kommt es fast ganz ohne Aggression aus. Es steckt voller Kreativität und Fantasie. Dieses Kind hat ein unerschütterliches Selbstwertgefühl. Es ruht in der felsenfesten Überzeugung, von seinen Eltern geliebt zu werden. Es ist voller Zuversicht und so stark, dass es ein Pferd hochheben kann.

Handlungen des Kindes erscheinen nach außen als Nachahmung. Versetzen Sie sich in das Kind hinein, und überprüfen Sie Ihre Rollenerwartung.

Pippi Langstrumpf wird niemals süchtig oder sonstwie abhängig werden, nie in Angst oder Depression versinken. Suchen Sie das Stück Pippi Langstrumpf, das auch in Ihrem Kind steckt, hegen Sie es gut, auch wenn das oft unbequem ist. Und sehen Sie den Rest nicht so verbissen.

Von Menschen aus anderen Ländern wird uns Deutschen oft nachgesagt, wir betrieben das Geschäft der Erziehung zu verbiestert, zu humorlos und grundsätzlich. Es fehle uns dabei die Spontaneität, die Lockerheit und Lebensfreude. Es lohnt sich, darüber nachzudenken.

Wie oft wagen wir nicht, heute unseren spontanen Gefühlen zu folgen, weil wir uns fragen, was daraus bloß später mal werden soll. Den dreijährigen Nachtwandler einfach unter die elterliche Bettdecke schlüpfen lassen – und wenn er das mit dreizehn immer noch macht? Die Fünfjährige unnachsichtig zum Aufräumen zwingen, damit sie nicht ihr Leben lang unordentlich bleibt? In wie vielen Familien gibt es fast jeden Nachmittag dicke Luft wegen der verflixten Hausaufgaben – weil die doch angeblich später so wichtig sind? Wie viel Mal Heute verdüstern wir uns wegen des Blickes auf das Morgen?

Ein Kind kann aber nur optimistisch und selbstsicher werden, wenn es ihm heute gut geht, wenn es sich heute liebevoll angenommen und sicher geborgen fühlt. Und auch Eltern fühlen sich wohler, wenn sie im Einklang mit ihren Gefühlen handeln können. Wenn die Kindheit eine lange Kette gelungener Heute ist, in denen Eltern und Kinder sich wohl fühlen, können alle darin Kraft sammeln für das, was morgen vielleicht auf sie zukommt.

Register

Die Autorin

Helga Gürtler ist bekannte und erfolgreiche Autorin im Bereich Eltern/Kind-Ratgeber. Im Midena Verlag erschien von ihr der Titel »Eltern sind echt ätzend«.

Wichtiger Hinweis

Die im Buch veröffentlichten Ratschläge wurden mit größter Sorgfalt von Verfasserin und Verlag erarbeitet und geprüft. Eine Garantie kann jedoch nicht übernommen werden. Ebenso ist eine Haftung der Verfasserin bzw. des Verlages und seiner Beauftragten für Personen-, Sach- oder Vermögensschäden ausgeschlossen.

Bildnachweis

Umschlagfoto: Bavaria Bildagentur/VCL
Fotos: Heidi Velten, Leutkirch

Impressum

Midena Verlag, München

Lektorat: Carina Janßen
Redaktion: Dr. Horst Leisering
Herstellung: Marion Kraus
Bildredaktion: Dr. Silke Bromm
Umschlaggestaltung: Kontrapunkt, Kopenhagen
Innenlayout: Fischer's DTP Studio, München
Satz: Undercover, Augsburg
Reproduktion: Typework Layoutsatz & Grafik GmbH, Augsburg
Printed in Germany

ISBN 3-310-00547-X

In dieser Reihe sind erschienen:

Schulte-Markwort/Schimmelmann
Kinderängste
144 Seiten, 13 Abbildungen
ISBN 3-310-00415-5

Wolfgang Frobenius
Wir wünschen uns ein Kind
160 Seiten, 20 Abbildungen
ISBN 3-310-00209-8

Kolbe/Weyrehter
Mein Kind hat Übergewicht
128 Seiten, 12 Abbildungen
ISBN 3-310-00287-X

Annerose Keilmann
So lernt mein Kind sprechen
144 Seiten, 20 Abbildungen
ISBN 3-310-00484-8

Ute York
Bachblüten für mein Kind
144 Seiten, 30 Farbfotos
ISBN 3-310-00465-1

Ursel Mielke
Schwierige Kinder besser verste
208 Seiten, 20 Abbildungen
ISBN 3-310-00447-3